BITCOIN
COMPRENDRE & INVESTIR

Éditions Eyrolles
61, bd Saint-Germain
75240 Paris Cedex 05

www.editions-eyrolles.com

ISBN : 978-2-416-00338-7

Philippe Herlin

₿ITCOIN
COMPRENDRE & INVESTIR

Guide pratique des cryptomonnaies : Bitcoin, Ethereum, blockchain, finance décentralisée, NFT, etc.

Éditions
EYROLLES

Sommaire

Introduction

« Trop compliqué, trop volatil, trop risqué, Bitcoin ce n'est pas pour moi ! », entend-on trop souvent. Quelle erreur et quel gâchis ! Certes, il n'est pas aisé de comprendre comment fonctionne Bitcoin, Ethereum, et pourquoi il existe autant de cryptomonnaies, mais cette connaissance n'est pas réservée aux informaticiens, chacun peut y accéder avec un minimum d'effort. Et ça vaut la peine car les perspectives sont exceptionnelles. Au-delà de gains financiers que nous pouvons réaliser, c'est toute notre économie qui va être affectée par la blockchain et le nouveau paradigme qu'elle propose, à commencer par la banque (la DeFi), mais aussi le jeu et l'art numérique (les NFT), les chaînes logistiques, l'immobilier, etc. Chacun peut y gagner d'une façon ou d'une autre, encore faut-il être bien informé et savoir répondre aux contre-vérités qui circulent. Nous assistons à une révolution monétaire et technologique inédite, faisons en sorte de la comprendre et d'en profiter.

Chapitre 1

Comment fonctionne Bitcoin ?

Le terme « bitcoin » vient de *bit* (l'unité d'information la plus simple dans le système binaire, 0 ou 1) et de *coin* (« pièce de monnaie » en anglais). Avec un b minuscule, bitcoin désigne la monnaie qui circule sur le réseau (ou le *token*, le « jeton » en français), tandis que Bitcoin avec un B majuscule désigne le protocole, c'est-à-dire la manière donc cela fonctionne. Voyons concrètement comment.

UN RÉSEAU DÉCENTRALISÉ

Pour comprendre comment fonctionne Bitcoin, il faut se poser la question de savoir pourquoi il existe. Quel est l'objectif poursuivi par sa création ? C'est de créer une monnaie circulant de façon décentralisée sur Internet, le terme important étant « décentralisée ». L'argent électronique existe depuis longtemps, la plupart des euros que nous possédons et utilisons circulent sous cette forme, mais de façon centralisée, c'est-à-dire sous le contrôle de nos banques. Lorsque nous achetons un produit 10 euros chez un commerçant avec notre carte bancaire, notre compte bancaire est débité de 10 euros et celui du commerçant crédité de la même somme (moins les frais bancaires). Les banques (ou la banque si nous avons la même banque que le commerçant) sont « l'autorité » qui centralise et valide le paiement, conserve la trace de cette transaction, arbitre en cas de conflit. On a ici affaire à un système hiérarchisé (les banques au-dessus, et nous les clients, en dessous).

Une expérience de monnaie électronique circulant de façon centralisée sur Internet a déjà existé avec e-gold, mais cela s'est très mal terminé. Fondée en 1996 aux États-Unis, cette devise électronique était indexée sur l'or, la quantité de monnaie en circulation étant couverte à 100 % par de l'or physique. Ainsi, e-gold permettait d'effectuer des virements internationaux et, une fois la transaction réalisée, l'or changeait de propriétaire, même si physiquement les lingots restaient à la même place. Le succès fut au rendez-vous : en 2005, e-gold comptait 3,5 millions d'utilisateurs dans 165 pays et se plaçait deuxième derrière Paypal dans les solutions de transfert d'argent par Internet. Début 2007, les réserves atteignaient 10 tonnes d'or. Mais en avril 2007, la justice américaine accuse la société de blanchiment d'argent, d'absence de licence pour un service de transfert d'argent et d'avoir permis un nombre incalculable d'opérations frauduleuses. L'or est saisi, le système s'écroule et son fondateur, Douglas Jackson, est condamné à de la prison avec sursis.

Cette expérience aura marqué le milieu geek et technophile en démontrant l'impossibilité d'une monnaie électronique centralisée. Les risques sont en effet de deux natures :

- Quelle confiance accorder à l'organisateur ? Le fondateur d'e-gold était honnête, mais comment s'assurer que le dirigeant d'une monnaie de ce type ne parte pas avec la caisse, en l'occurrence les lingots, ou qu'il ne fabrique pas en cachette des unités monétaires supplémentaires pour en faire bénéficier ses amis ? C'est comme si au Monopoly® celui qui fait la banque glissait discrètement des billets à un joueur en particulier, faussant ainsi le jeu.
- Quelle confiance accorder au pays où sera installée la société gérant cette monnaie ? Le gouvernement ou un juge peut décider d'interrompre l'activité et au passage, ruiner tous les utilisateurs.

Le modèle Internet

Il fallait passer à un modèle décentralisé. Avec Internet est apparue une façon différente de s'organiser, avec un fonctionnement en réseau et non de façon hiérarchique. Un réseau peut en effet fonctionner de façon hiérarchique, autour d'un nœud central par lequel toutes les informations doivent passer avant d'aller ailleurs (le système de paiement par carte bancaire), mais il peut aussi être totalement décentralisé, les informations ne devant pas revenir à un serveur unique mais pouvant passer d'un nœud à l'autre, de proche en proche, « de pair à pair », ou en anglais *peer to peer* (abrégé en P2P). Sur Internet, il n'y a pas un nœud centralisant toute l'information, mais un maillage.

Internet fonctionne de cette façon et a été conçu pour cela : dans les années 1960 aux États-Unis, le Pentagone s'était rendu compte qu'en cas de guerre nucléaire, le réseau téléphonique deviendrait inutilisable, car les centraux téléphoniques, situés dans les grandes villes, seraient détruits. Le système de commandement ne pourrait donc plus fonctionner. Les militaires ont demandé à des informaticiens de concevoir un système de transmission décentralisé dans lequel les « paquets d'informations » pourraient transiter de proche en proche, et modifier leur chemin en cas de destruction d'une partie du réseau, en allant au plus vite. C'était Arpanet, l'ancêtre d'Internet.

Cette culture décentralisée, non hiérarchique, fait partie de l'« ADN » d'Internet et elle est revendiquée par une partie importante de la communauté des développeurs. Prenons un exemple pour bien comprendre cette idée : pour l'ancestrale encyclopédie *Britannica*, un comité scientifique peut trancher et dire « pour tel article, nous écrirons telle chose ». Pour Wikipédia, en revanche, il n'existe pas d'autorité centrale possédant ce pouvoir, les contributeurs devant parvenir à un accord. *Idem* dans le milieu du logiciel libre où personne ne peut exiger quelque chose, alors que les patrons de Microsoft ou d'Oracle peuvent imposer une décision. Ce milieu collaboratif et ouvert favorise l'innovation : les découvertes sont communiquées plutôt que brevetées, chacun peut lancer une idée, des outils (forums, gestion de projet) permettent de gérer l'information en toute transparence, sans passer par un filtre hiérarchique.

L'idée révolutionnaire du Bitcoin

Et pendant longtemps, ce milieu alternatif s'est demandé : « Comment pourrions-nous faire fonctionner une monnaie sur ce modèle ? » – c'est-à-dire sans qu'une banque ne soit obligée de valider et d'enregistrer les transactions. Comment faire circuler une monnaie dans un réseau décentralisé, sans autorité ni tiers de confiance ou arbitre ?

Dans le monde réel, une telle monnaie décentralisée pourrait être mise en œuvre assez facilement, avec un objet que l'on connaît bien : le billet de banque. Un groupe de personnes pourrait tout à fait décider d'imprimer une quantité donnée de billets infalsifiables, détruire les presses pour que personne ne puisse en fabriquer de nouveaux, et se les distribuer. Ensuite le système fonctionne tout seul : quand j'utilise un billet… je ne l'ai plus, et celui qui le reçoit en devient le propriétaire, les débits et les crédits se gèrent naturellement, nul besoin qu'une banque contrôle tous ces mouvements dans ses livres de comptes. C'est comme cela que fonctionnent nos billets de banque. Mais sur Internet, ce procédé ne fonctionne pas : la notion de « billet numérique infalsifiable » n'a tout simplement pas de sens parce que la duplication est consubstantielle au monde numérique : quand vous envoyez une photo par email en pièce jointe, vous l'avez encore sur votre ordinateur. Dans le monde numérique, la fonction copier/coller est la plus simple à utiliser, pour une photo, un texte, un programme informatique, n'importe quel document. Elle permet une diffusion incroyable de l'information, mais elle va à l'encontre du concept de monnaie qui doit justement éviter la duplication.

La question est donc : comment faire circuler sur Internet un objet numérique infalsifiable ? Pour comprendre comment Bitcoin y est parvenu, prenons un exemple simple dans le monde réel : nous sommes une vingtaine de personnes dans une salle et nous voulons créer une monnaie. Ce ne sera pas des billets de banque comme on l'a évoqué précédemment, mais de simples feuilles de bristol blanc, que n'importe qui peut donc acheter dans le commerce, c'est-à-dire « dupliquer ». Avec ce procédé, cela ne pourrait pas fonctionner, personne n'aurait confiance dans une monnaie si aisément falsifiable ! Alors posons-nous la question : que devrions-nous ajouter comme informations pour que le système fonctionne ? Deux éléments :

• Chacun appose sa signature sur les bristols qu'il possède. Et quand j'utilise l'un d'entre eux pour acheter un objet à quelqu'un, celui-ci en devient propriétaire et y appose à son tour sa signature, et ainsi de suite. Si je reçois un bristol sans aucune signature, je sais qu'il n'a aucune valeur. On considère que les signatures sont infalsifiables (ce qui est vrai avec Bitcoin, nous le verrons). Mais cette règle ne suffit pas : un petit groupe d'utilisateurs pourrait acheter des bristols, se les échanger entre eux pour y apposer leurs signatures, puis les remettre dans le circuit… Il faut donc un second élément.

• L'information concernant tous les bristols en circulation, c'est-à-dire le fait que tel bristol est passé de telle personne à telle autre, etc., est publique, elle est affichée sur un grand tableau visible de tous. Quand je reçois un bristol en paiement d'une transaction, j'y appose ma signature, mais je la mets aussi sur le tableau à la ligne correspondant à ce bristol : je peux ainsi constater que la liste des signatures figurant sur le bristol est identique à celle affichée sur le tableau, c'est donc de la vraie monnaie. Si l'on me propose un bristol avec une suite de signatures que je ne peux pas retrouver sur le tableau, c'est de la fausse monnaie. De cette façon, l'introduction de fausse monnaie est impossible et les débits/crédits sont parfaitement enregistrés et infalsifiables.

C'est à peu près de cette façon que fonctionne Bitcoin. Sur Internet, les signatures sont électroniques bien sûr, et elles ne correspondent pas au nom d'une personne, mais à un numéro de compte. D'autre part, le « grand tableau visible de tous » regroupant l'ensemble des transactions est le livre des comptes, la base de données de l'ensemble des transactions, accessible et partagée par l'ensemble des participants (c'est la « blockchain », nous y reviendrons).

On peut prendre une autre métaphore pour comprendre ce fonctionnement décentralisé du Bitcoin : un appartement en colocation. Chaque locataire, en plus de ses achats personnels, fait des dépenses pour la collectivité (produits d'entretien, travaux divers, etc.), de façon à ce que chacun consacre la même somme tous les mois, ni plus ni moins que les autres. On peut confier à une personne le soin de regrouper toutes ces dépenses et de dire ensuite qu'untel a dépensé plus et doit donc recevoir tant d'euros des autres. Nous sommes ici dans un système centralisé. Mais se pose la question de la confiance (cette personne ne va-t-elle pas favoriser ses amis ?). On pourra alors opter pour une solution décentralisée et transparente, à savoir un grand cahier à la disposition de tous dans lequel chacun indiquera ses dépenses, ticket de caisse à l'appui, et à la fin du mois, les additions et soustractions y seront écrites au vu et au su de tous. Ce cahier, qui regroupe l'ensemble des transactions, est une « base de données partagée ». Pour Bitcoin, cette base de données est sous forme informatique, dupliquée à des milliers d'exemplaires, actualisée en temps réel et infalsifiable (on ne peut pas effacer une transaction passée pour récupérer ses bitcoins), c'est la blockchain. On comprend ainsi que la décentralisation implique la transparence : s'il n'y a plus une instance qui contrôle tout, il faut, pour que ça fonctionne, que tout le monde puisse voir les transactions. Pour Bitcoin, les transactions sont publiques, on sait ce que chaque numéro de compte envoie à tel autre (mais on ne sait pas qui est derrière ce compte).

Ainsi, chaque bitcoin (ou fraction de bitcoin) est « tracé » depuis le début, selon ses propriétaires successifs, et cette information est publique. Quand quelqu'un effectue un paiement en bitcoins, on peut remonter ses transactions antérieures pour vérifier qu'il possède effectivement les bitcoins nécessaires ; voilà comment cette monnaie circule. C'est l'idée révolutionnaire de Bitcoin : la validation des transactions n'est pas réalisée par une instance supérieure mais par la communauté. C'est comme si en allant sur le site Internet d'une banque, on pouvait voir en direct l'ensemble des virements de compte à compte ; c'est bien sûr impossible, nous sommes ici dans le cœur de l'activité bancaire, totalement confidentiel. Pour Bitcoin, cette information est publique. On passe d'un système hiérarchique, vertical, opaque – celui des banques – à un système horizontal, décentralisé, transparent – celui de Bitcoin.

Il n'y a pas un serveur qui détient toute l'information et dont la coupure ou la prise de contrôle ferait tomber tout le système. Non, l'information (la base de données de l'ensemble des transactions, la blockchain) est publique et partagée entre tous les ordinateurs participant au réseau Bitcoin. Le système est donc virtuellement indestructible (à moins de couper Internet sur la planète entière...).

Le rôle des mineurs

Mais qui se charge de vérifier les transactions sur le réseau Bitcoin ? Pas l'ensemble des participants, comme dans nos deux exemples simplifiés, mais des acteurs qui s'y dédient spécifiquement, les « mineurs ». Les transactions ne sont pas validées une par une, mais par groupe, on parle de « bloc de transactions » (d'où le terme anglais de *blockchain*). Ils ne font pas ce travail à la main, en cochant des cases devant leur écran mais font tourner des programmes informatiques 24 heures sur 24 sur des ordinateurs surpuissants dédiés à cela (on parle de « preuve de travail », nous y reviendrons). Les mineurs sont en concurrence et le premier qui réussit à valider un bloc de transactions est récompensé... en bitcoins ! Voilà comment le système fonctionne, il se boucle sur lui-même : ceux qui sont chargés de veiller à son bon fonctionnement ne le font pas par philanthropie, ils sont financièrement intéressés. Ils investissent dans du matériel informatique, payent des factures d'électricité, mais au final, ils gagnent de l'argent. Ces mineurs creusent, informatiquement parlant, pour trouver de l'or, de la monnaie numérique, d'où leur surnom. Le réseau Bitcoin est donc parfaitement autonome.

Bitcoin sera finalement lancé peu de temps après l'effondrement d'e-gold (avril 2007), et juste après la crise des *subprimes* qui a vu le système bancaire trembler sur ses bases (faillite de Lehman Brothers le 15 septembre 2008). En octobre 2008 est publié le document de recherche qui explicite son fonctionnement (Satoshi Nakamoto, *A Peer-to-Peer Electronic Cash System*) et la première transaction a lieu le 3 janvier 2009.

Pas plus de 21 millions de bitcoins

Les mineurs, qui valident les transactions, sont récompensés en bitcoins, nous venons de le voir. Mais le montant de cette récompense est divisé par deux tous les quatre ans environ, c'est ce qu'on appelle le *halving* (« réduire de moitié »). À partir du 3 janvier 2009 (date de la première transaction), la récompense pour la validation d'un bloc de transactions était de 50 bitcoins, elle est ensuite passée à 25 en novembre 2012, à 12,5 en juillet 2016, à 6,25 en mai 2020. Elle passera à 3,125 bitcoins en 2024, et ainsi de suite. Le *halving* n'est pas déterminé par une date mais par un nombre de blocs : il a lieu tous les 210 000 blocs exactement, et chaque bloc est constitué toutes les 10 minutes environ, à quelques secondes près, ce qui, sur plusieurs années, introduit un décalage de quelques semaines ou mois. La durée moyenne entre deux *halving* est d'environ quatre années.

Ce mécanisme fait partie de l'algorithme, il ne peut pas être modifié et, de la sorte, on peut calculer que le nombre total de bitcoins en circulation ne pourra jamais dépasser 21 millions. Cette donnée est fondamentale pour bien comprendre la particularité de cette monnaie : le nombre de bitcoins en circulation augmente progressivement (18,6 millions début 2021), mais il atteindra un plafond de 21 millions qu'il ne dépassera jamais.

Avant de poursuivre, revenons sur les mineurs : quelle sera leur motivation si leur récompense diminue progressivement ? Tout d'abord, ils ne touchent pas que 6,25 bitcoins (depuis juin 2020), mais également les frais associés à chaque transaction du bloc. En effet, pour chaque transaction en bitcoins, des frais sont nécessaires (très faibles par rapport aux autres moyens de paiement, mais pas nuls). D'autre part, la valeur des bitcoins augmente avec le temps, de façon certes chaotique, mais elle augmente. Les mineurs touchent donc une récompense qui diminue avec les années mais dont la valeur augmente, et finalement, ils s'y retrouvent financièrement.

Une précision : le fait que le nombre de bitcoins ne puisse pas dépasser 21 millions ne constitue aucunement une limitation à son développement et à son usage. Il y aura toujours assez de bitcoins pour effectuer des transactions, même si la monnaie connaît un succès grandissant. On parlera alors de millièmes ou de millioniêmes de bitcoins ; Bitcoin est actuellement divisible jusqu'à la 8e décimale et ce seuil pourrait être repoussé. Mais entretemps, son cours aura dû augmenter en proportion afin de satisfaire la demande. C'est comme si l'on déplorait qu'il n'existe que 185 000 tonnes d'or dans le monde (selon les estimations les plus courantes), ce qui ne constitue nullement un problème ; tout dépend du cours de l'or, et s'il devait jouer à l'avenir un rôle monétaire et de placement plus important, son cours grimperait.

Par cette limitation stricte à 21 millions d'unités, Bitcoin se rapproche de l'or dans le principe. On est ici aux antipodes de nos monnaies papier dont la masse enfle au gré des circonstances, soi-disant pour soutenir l'économie, en réalité surtout pour permettre encore plus d'accumulation de dettes, publique et privée. On peut ainsi considérer que Bitcoin, c'est un peu de « l'or numérique ».

Le *halving* et l'inflation

Cette création de bitcoins toutes les 10 minutes pour récompenser les mineurs, c'est littéralement de la création monétaire, et qui dit création monétaire dit inflation. Au tout début, dans les premiers mois de 2009, lorsque très peu de bitcoins existaient et que 50 en étaient créés toutes les 10 minutes, le taux d'inflation annuel était supérieur à 100 % ! Puis ce chiffre a rapidement diminué pour passer sous les 10 % lors du deuxième *halving*, entre 2012 et 2016 (on note sur le graphique page suivante que l'échelle de gauche est logarithmique, la décroissance est en réalité bien plus marquée). La récompense diminue à chaque *halving* (tous les 210 000 blocs de transactions, soit environ tous les 4 ans) et, mécaniquement, la quantité de bitcoins en circulation commence à s'approcher du plafond de 21 millions (échelle de droite).

Après une inflation annuelle de 3,8 % jusqu'au *halving* de juin 2020, nous sommes passés à 2 %. Ce chiffre correspond au taux d'inflation des pays de l'OCDE, il n'y aura donc plus aucun excès de bitcoins créés par rapport à l'évolution générale des prix, alors qu'auparavant il y en a un peu trop. Voilà qui ne peut être qu'encourageant pour son cours.

L'un des principaux avantages de Bitcoin est sa *résistance à l'inflation*. Le fait que le protocole ne puisse pas évoluer de façon drastique empêche de modifier sa politique monétaire, elle est gravée dans le code depuis le premier jour. Voilà une différence radicale avec les banques centrales qui usent et abusent de la planche à billets : leurs plans « d'assouplissement quantitatif » (*Quantitative easing* ou QE en anglais) consistent en effet à racheter des obligations d'État, et pour cela elles créent de la monnaie *ex nihilo*, accroissant ainsi d'autorité la quantité de monnaie en circulation. Ces achats et la baisse de leurs taux directeurs ont amené les taux d'intérêt à zéro et même en territoire négatif. Ce déluge de liquidités ne produit pas encore d'inflation au sens strict mais il génère ce qu'on appelle une « inflation d'actifs » (immobilier, actions, matières premières, œuvres d'art) qui, un jour ou l'autre, risque de se retrouver dans les biens de consommation.

L'inflation de Bitcoin

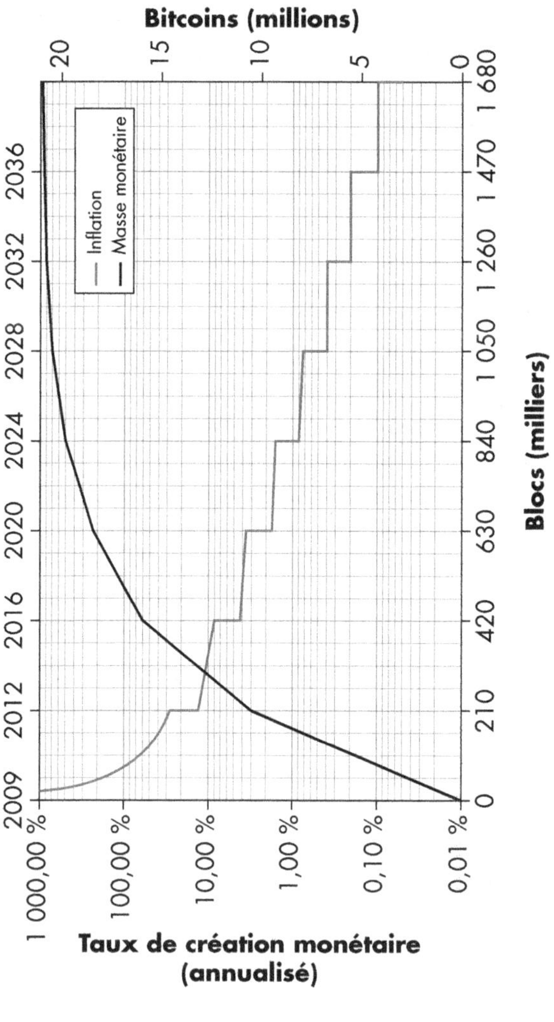

Source : https://chart-studio.plotly.com/~BashCo/5.embed

Cette dérive des banques centrales remonte à loin, précisément à la fin des accords de Bretton Woods, le 15 août 1971, lorsque Richard Nixon suspend la convertibilité entre le dollar et l'or. La quantité de monnaie en circulation dépendait du stock d'or, ce qui représentait une contrainte très forte. Depuis 1971, les monnaies « flottent » et la dette (publique et privée) ne cesse d'augmenter, à un rythme toujours plus rapide à mesure que la croissance du PIB ralentit… Ce modèle n'est pas viable, les bulles et les krachs sont de plus en plus fréquents, et finalement, la défiance envers les grandes devises risque d'arriver, avec tous les dégâts que l'on imagine (hyperinflation, faillites bancaires). Bitcoin apparaît comme une réponse à cette évolution délétère, un nouvel « or numérique » qui protège de la planche à billets, de l'inflation, d'où son statut particulier et la confiance que l'on peut lui accorder.

Bitcoin est un actif déflationniste (offre limitée et à valeur croissante) et cela, son fondateur Satoshi Nakamoto l'expliquait dès 2009 : « En ce sens, cela est plus typique d'un métal précieux. Au lieu de faire évoluer l'offre afin de maintenir la valeur de la monnaie inchangée, l'offre est prédéterminée, et c'est la valeur de la monnaie qui évolue. Comme le nombre d'utilisateurs augmente, la valeur de chaque *coin* progresse. Le mécanisme s'alimente avec l'augmentation du nombre d'utilisateurs qui fait croître la valeur de Bitcoin, phénomène qui attire de nouveaux utilisateurs qui veulent tirer profit de la hausse de sa valeur. »

Bitcoin a connu l'hyperinflation au début, et c'est désormais fini. En somme, son histoire est l'inverse de celle des monnaies traditionnelles qui commencent toujours sous les meilleurs auspices, qui reçoivent tout le prestige que l'État peut leur apporter, qui bénéficient d'une grande crédibilité dans la population et de la stabilité des prix, avant de se dégrader avec le temps, les déficits, la planche à billets, pour finir par imploser dans l'hyperinflation.

La sécurité du système

Revenons sur la signature électronique (pour tous les aspects cryptographiques et mathématiques de la compréhension de Bitcoin, on se reportera à *Bitcoin Book* de Pierre Noizat, 2012). Celle-ci permet deux choses : d'une part, d'authentifier l'émetteur du message ; d'autre part, de contrôler l'intégrité de ce message (vérifier qu'il n'a pas été modifié). La signature électronique n'est devenue possible qu'avec la cryptographie asymétrique, qui est fondée sur l'existence de fonctions mathématiques non inversibles : le message « passe à la moulinette » d'une fonction mathématique, ce nouveau message crypté est envoyé au destinataire, mais il est impossible d'inverser la fonction pour retrouver le message d'origine… à moins de posséder une information particulière tenue secrète. La première fonction est appelée « clé publique » et la seconde, tenue secrète, qui permet de décrypter le message, est appelée « clé privée ». Les deux clés sont liées mathématiquement, de sorte que la clé publique (connue de tous) permet de coder un message, tandis que la clé privée (connue par l'utilisateur seul) permet de le décoder. En somme, une clé privée permet de calculer la clé publique, mais l'inverse est impossible. C'est ainsi que fonctionnent les signatures électroniques, qui existaient bien avant Bitcoin.

La sécurité de Bitcoin (le système clé publique/clé privée) repose sur des algorithmes cryptographiques (ECDSA, SHA256). Ces algorithmes sont unanimement considérés comme les plus sûrs, ils sont utilisés dans la banque, l'armée, le renseignement. S'ils étaient « craqués », tous les systèmes électroniques de la planète tomberaient. Voici un exemple d'adresse Bitcoin : 175tWpb8K1S7mH4Zx6rewF9wQrcPv245W. Il existe plus de 10^{48} adresses possibles, soit plus d'atomes qu'il y a sur Terre.

Une adresse Bitcoin est un compte qui permet de recevoir, de stocker et d'envoyer des bitcoins. On peut la comparer à un numéro de compte bancaire. Une transaction indique le montant versé à une autre adresse Bitcoin. Mais cette transaction intègre aussi la transaction précédente, qui elle-même intègre la transaction précédente, etc., en remontant au début, c'est-à-dire à la création des bitcoins nécessaires à la transaction (nous avons dit précédemment que chaque bitcoin est tracé depuis le début). On justifie ainsi que les fonds nécessaires sont bien possédés. Cette transaction circule en clair sur le réseau, le livre des comptes est public et partagé (c'est la blockchain).

Il faut bien garder sa clé privée et ne pas la perdre, elle seule permet d'accéder à ses bitcoins et de les dépenser. Une transaction est donc concrètement un message qui comprend le numéro d'identification de la transaction précédente, le montant, la clé publique correspondant à l'adresse Bitcoin de l'émetteur, la signature du message par la clé privée de l'émetteur, et l'adresse Bitcoin du destinataire. Le couple « adresse Bitcoin/clé privée » peut être compris par analogie comme un coffre bancaire muni de sa clé : l'adresse bitcoin représente l'adresse de la salle des coffres et le numéro de coffre, tandis que la clé privée permet d'ouvrir le coffre.

D'une façon générale, un système centralisé dépendant de quelques mots de passe est fragile, car si le secret est percé, il tombe entièrement (on ne compte plus les grands sites qui se sont fait pirater). Alors qu'un système décentralisé dans lequel chaque participant est responsable de sa clé privée évite ce risque ; il n'existe tout simplement pas *un* mot de passe qui permettrait de craquer tout le réseau.

Quels sont les risques ? Théoriquement, un pool de mineurs qui réunirait au moins 51 % de la puissance de calcul de l'ensemble du réseau pourrait en prendre le contrôle et valider des transactions fictives à son profit (en fait, simplement valider des doubles dépenses, mais pas créer des bitcoins). Cependant, outre que des coupe-circuits existent pour parer à une telle éventualité, la somme dépensée pour financer une telle ferme de serveurs serait largement supérieure au bénéfice escompté. Le plus rentable, avec une telle puissance de calcul, serait de miner afin d'empocher les récompenses en bitcoins.

Profitons-en pour dénoncer l'utilisation du terme de « monnaie virtuelle » pour qualifier Bitcoin, sous-entendant que « ce n'est que du code informatique, ça peut disparaître du jour au lendemain ». Justement non du fait qu'il s'agit d'une base de données dupliquée à travers le monde, infalsifiable, qui ne dépend pas d'un mot de passe comme tous les sites Internet, qui n'a jamais connu de bug. En fait, Bitcoin est indestructible, contrairement à n'importe quel objet matériel, ou à des monnaies papier qui reposent sur une confiance de moins en moins solide. Bitcoin est une monnaie *numérique*, mais pas virtuelle.

Du cash sur Internet

L'idée semble contre-intuitive, pourtant elle est vraie : Bitcoin, c'est du cash sur Internet. Par « cash », on pense à des billets de banque que l'on tient en main, ce qui paraît antinomique de Bitcoin, purement numérique. Mais quand on effectue une transaction avec de l'argent liquide, l'argent passe d'une main à l'autre sans qu'une instance centrale ne l'enregistre. On ne rend de compte à personne, c'est un espace de liberté. Alors qu'un paiement électronique, par carte bancaire ou par virement, transite par le système bancaire, il vous identifie et laisse des traces. Avec Bitcoin, on se retrouve dans le premier cas de figure : la transaction passe d'un compte à l'autre, elle ne regarde que les utilisateurs. On est en fait sa propre banque !

Vu sous cet angle, un intérêt essentiel de Bitcoin consiste à apporter les services bancaires à tout le monde, et notamment à ceux qui en sont privés aujourd'hui, c'est-à-dire plus d'un tiers de la population mondiale. Dans les pays émergents, le taux de bancarisation est très faible et cela constitue un vrai frein au développement. Il n'est pas évident de lancer une quelconque activité en utilisant uniquement de l'argent liquide. Avec une connexion Internet, un simple Smartphone, tout le monde bénéficie d'un accès à des paiements en bitcoins, ou en n'importe quelle autre cryptomonnaie, ainsi qu'aux services financiers permis par la blockchain. Les potentialités de développement s'ouvrent enfin à tous.

Autre intérêt : ceux qui craignent la disparition du cash (et les banques font tout pour cela), considérant que cela restreint leurs libertés, pourront basculer sur Bitcoin. La « guerre contre le cash » menée par les banques dans les pays développés risque de donner un sacré coup de fouet à l'utilisation du Bitcoin !

Un autre aspect fondamental doit être compris. Nous vivons dans une économie de la dette, tout est construit sur la dette : les dépenses des États, une partie significative de l'investissement des entreprises et des dépenses de consommation des ménages, l'essentiel du secteur de l'immobilier, de l'automobile, etc. Les politiques des banques centrales ne cherchent qu'à favoriser et à amplifier ce mode de financement, avec leurs taux directeurs à zéro et leurs plans de rachat de dette souveraine (nommée « assouplissement quantitatif »). Comme si la crise de 2008 n'avait pas servi d'avertissement, la dette mondiale (publique et privée) a encore augmenté depuis cette date, elle dépasse trois fois le PIB mondial…

Bitcoin, lui, est une économie du « cash sur Internet », un système monétaire construit sur une ressource rare (les 21 millions de bitcoins), sans banque centrale qui joue sur les manettes de son tableau de bord, sans la drogue de la dette. Un fonctionnement qui évoque immédiatement l'étalon-or, l'époque où la quantité d'or reposant dans les banques centrales conditionnait la quantité de monnaie en circulation et interdisait toute explosion de la dette publique, et son financement par les banques centrales.

Bitcoin constitue ainsi un îlot de monnaie saine, non manipulée, que chacun est libre d'utiliser. Ses utilisateurs et son écosystème bénéficient d'une plus grande stabilité : nul risque d'inflation soudaine, de planche à billets et de création monétaire, de modification autoritaire du taux d'intérêt décidée par une instance centrale au fonctionnement opaque, et donc de tous les maux qui s'y rattachent (bulles, krachs, prix faussés, dépendance d'une instance centrale). Le cours du bitcoin est volatil, mais le système qu'il construit est, lui, d'une grande stabilité.

La monnaie parfaite ?

Bitcoin est-il une monnaie « parfaite » ? On peut le croire lorsque l'on dresse la liste de ses caractéristiques : il est universel, accessible à tous (il suffit d'une connexion Internet), il n'est sous le contrôle d'aucun État ou entreprise, il est totalement indépendant du système bancaire, autorégulé, sécurisé, et sa création monétaire est contrôlée et limitée. Depuis le début de son existence, le 3 janvier 2009, aucun faux bitcoin n'a circulé, le réseau n'est jamais tombé en panne. Il apporte des avantages par rapport à la monnaie ancestrale et universellement reconnue, l'or : plus de problème de transport, divisibilité très importante (8 décimales après la virgule), instantanéité des échanges, authenticité des transactions, stockage à coût nul.

Bitcoin est au croisement de plusieurs écoles de pensée, de nature très différente :

- les défenseurs du logiciel libre, nous l'avons vu, c'est-à-dire d'un programme ouvert à tous, dont aucune entreprise ou institution n'est propriétaire, et le refus de la hiérarchie ;

- les penseurs qui soulignent l'importance essentielle des contre-pouvoirs et de la décentralisation des institutions, la méfiance vis-à-vis d'un pouvoir central fort et la défense de la vie privée, et auxquels on peut rattacher les cypherpunks, les libertariens, les mouvements libertaires ;

- l'école autrichienne, qui défend l'étalon-or et dont plusieurs adeptes actuels voient dans Bitcoin une approche équivalente.

Issu d'une tradition anti-autoritaire, Bitcoin ne pouvait fonctionner autrement que par consensus. Le problème est qu'il faut accorder des acteurs ayant chacun des intérêts spécifiques : les développeurs, qui font évoluer Bitcoin Core, le logiciel *open source* qui fait tourner Bitcoin (« les gardiens du temple »), les mineurs, qui vérifient les transactions et achètent du matériel dédié et de l'électricité, les places de marché, qui font des transactions en bitcoins contre du dollar, du yen, du yuan ou de l'euro, les start-up, qui se lancent sur la blockchain, les grandes banques, les multinationales, les GAFA, qui se penchent de près sur cette technologie. Le consensus rend Bitcoin très conservateur, aucun risque de changements brusques, mais l'intérêt bien compris de chacun fait qu'il s'améliore petit à petit. Bitcoin c'est un peu la « Suisse » des monnaies.

D'ailleurs, qui l'a fondé ? En fait, on ne sait pas. Le dénommé Satoshi Nakamoto s'est fait connaître pour avoir publié le premier article de recherche sur le sujet en octobre 2008, et comme initiateur de la première transaction (le 3 janvier 2009). Mais il s'agit certainement d'un pseudonyme et, depuis 2011, il ne communique plus avec personne. Au fond, c'est certainement mieux ainsi : personne ne peut s'approprier la paternité du Bitcoin, qui garde ainsi sa dimension de pur réseau décentralisé, sans que son fondateur puisse y jouer un rôle qui serait déterminant sur son cours, son image, sa notoriété.

La révolution Bitcoin

Prenons un peu de recul avec le plus célèbre « évangélisateur » du Bitcoin dans le monde, Andreas Antonopoulos, d'origine grecque et né à Londres en 1972. Il s'est fait connaître par les conférences qu'il a données sur toute la planète et que l'on peut retrouver sur sa chaîne YouTube, certaines ayant été traduites en français dans le livre *L'Internet de l'argent* (Dicoland, 2018).

Il explique que son intérêt pour Bitcoin est apparu lorsqu'il a compris que ce n'était pas seulement une « monnaie de geek », mais une nouvelle façon de créer de la confiance sur Internet : « Je me rappelle encore le moment où j'ai fini de lire ces neuf pages [le livre blanc écrit par Satoshi Nakamoto expliquant le fonctionnement de Bitcoin, publié le 31 octobre 2008], quand j'ai réalisé que Bitcoin n'était pas seulement une devise numérique, mais un réseau de confiance qui pouvait aussi servir de base à beaucoup plus de choses qu'un système de devise. La réalisation que “ce n'était pas une monnaie, mais un réseau de confiance décentralisé” m'a fait commencer mon voyage de quatre mois durant lequel j'ai dévoré chaque bribe d'information à propos de Bitcoin que je pouvais trouver[1]. »

Bitcoin change notre rapport à la monnaie : « Nous avons tous grandi dans un monde où les monnaies nous sont imposées d'une manière monopolistique [...]. La monnaie, telle que nous la connaissons, est un artefact de l'État-nation. Elle nous impose une certaine contrainte. Nous ne choisissons pas notre devise ; elle nous choisit. Nous sommes contraints d'utiliser cette devise dans toutes nos transactions. Nous n'avions pas le choix, jusqu'en 2008. Maintenant, nous vivons dans un monde légèrement différent mais l'ancien paradigme reste ancré dans notre manière de penser[2]. »

Bitcoin, selon lui, ne se mesure pas seulement aux autres devises, mais aussi au système bancaire dans son ensemble car si ce dernier a pu un temps représenter un progrès notable, c'en est désormais terminé : « Nous vivons dans un monde où la banque fut un temps une grande libératrice. C'était une invention qui avait transféré la finance des mains des rois à celles des gens ordinaires. Ce système a libéré des milliards de personnes. Et puis il s'est concentré, il a pris du pouvoir et le pouvoir a mené à la corruption. Ce qu'il en reste aujourd'hui n'est pas un système libérateur et il est temps de le disrupter. Bitcoin est l'un des instruments de cette perturbation de la centralisation du pouvoir[3]. »

---

1. « Qui est Andreas Antonopoulos, l'évangéliste du bitcoin ? », Cryptoast.fr, 14 mars 2020.
2. Andreas Antonopoulos, *L'Internet de l'argent*, Dicoland, 2018, p. 80.
3. *Ibid.*, p. 26.

Désormais l'ennemi est clairement désigné : « Et aujourd'hui Bitcoin s'attaque au système bancaire tout entier, l'industrie la plus puissante du monde. Devinez quoi ? Bitcoin va gagner. Il va gagner pour une raison simple. Il ne va pas gagner parce que le système bancaire est géré par des gangsters, des escrocs et quelques-uns des costumes vides les plus immoraux au monde [...]. Il va gagner parce qu'il est ouvert. Dans un monde de bricoleurs, d'expérimentateurs, de constructeurs, l'ouverture est gagnante. La raison pour laquelle il va gagner est qu'il autorise les innovations à prospérer à ses extrémités[4]. » Cette déclaration n'est plus seulement une prévision, nous sommes entrés dans le concret avec la finance décentralisée, comme nous le verrons plus loin.

Les perspectives de tous ces services, dont beaucoup restent à inventer, sont potentiellement gigantesques. Des experts disent que Bitcoin, aujourd'hui, c'est Internet en 1995, c'est-à-dire le tout début du réseau lorsque seules quelques applications avaient émergé (l'email, les forums, les portails). Google attendra trois ans pour se lancer (décembre 1998), Facebook neuf ans (février 2004) alors que, techniquement, tout était en place dès le début, mais voilà, il fallait que quelqu'un en ait l'idée. Il en sera de même avec Bitcoin et la blockchain.

---

4. *Ibid.*, p. 49.

Chapitre 2

Comment la blockchain réinvente la confiance

Bitcoin, c'est plus que le bitcoin. Il s'agit d'une monnaie, on l'a vu, qui fonctionne grâce à une base de données publique et décentralisée des transactions, la blockchain. Mais cette blockchain peut aussi servir de support à de multiples applications, et c'est l'autre aspect révolutionnaire de la création de Satoshi Nakamoto.

Un changement de paradigme

L'ensemble des transactions en bitcoins sont donc inscrites dans une base de données infalsifiable, transparente, dupliquée à des milliers d'exemplaires et actualisée en temps réel. La blockchain est une technologie de stockage et de transmission d'informations, sécurisée et fonctionnant sans organe central de contrôle, elle peut donc servir à bien autre chose qu'à des flux monétaires ! Elle n'est pas seulement un nouvel outil mais une nouvelle façon d'organiser les relations entre les personnes.

La confiance, nous l'assimilons le plus souvent à la croyance en une autorité (administration, entreprise, banque centrale), ou dans une personne, du fait de ses connaissances, de sa fonction, de sa position hiérarchique, de la reconnaissance que la société lui accorde. Nous sommes ici dans un système hiérarchisé et centralisé. Avec la blockchain, cette notion traditionnelle d'autorité disparaît.

Pour le scientifique et prospectiviste Joël de Rosnay, nous assistons à un vrai changement de paradigme : « Pour la première fois dans l'histoire des révolutions technologiques, l'une d'entre elles, au-delà de la révolution Internet, a la capacité d'agir sur le pouvoir vertical et centralisé exercé par les États sur la monnaie, sur celui des banques et les transactions financières, des notaires et les cessions immobilières, des monopoles énergétiques sur la distribution d'électricité ou de carburants. Il semblait impossible d'imaginer de tels bouleversements avant le développement de la blockchain[1]. »

La blockchain renouvelle la question de la confiance comme l'explique Alexandre Stachtchenko[2], cofondateur de Blockchain Partner (racheté en mars 2020 par KPMG). Il acte le fait que les promesses d'Internet n'ont pas toutes été tenues, loin de là : « Internet a échoué, l'Occidental moyen s'est appauvri, les inégalités se creusent, les libertés individuelles sont menacées, le pouvoir n'a jamais été aussi centralisé. Internet a promis un monde où l'individu s'affirmait, reprenait le pouvoir, grâce à un réseau décentralisé, mais Internet a échoué, les GAFA centralisent tout le pouvoir. » Prononcées en 2016, ces paroles sont vraiment prémonitoires…

Il pose ensuite la question : « Qu'est-ce qui manque aujourd'hui ? Quelle est cette ressource cruciale qui manque, qui explique l'éclatement successif des bulles financières, la crise sociale, la crise identitaire, la crise européenne ? Est-ce que c'est l'argent ? Non, le monde n'a jamais été aussi riche. Est-ce que c'est le lien social ? Non, grâce à Internet, le monde n'a jamais été aussi connecté. Ce qui manque, c'est la confiance. Tout le temps, on en parle, de cette confiance :

1. « La blockchain décryptée », blockchainfrance.net, mai 2016.
2. « Alexandre Stachtchenko, cofondateur de Blockchain France à la Cloud Week Paris le 4 juillet 2016 », YouTube.

confiance dans les marchés, confiance dans les gouvernements, confiance dans l'Union européenne, etc. À chaque fois qu'on parle de la confiance, c'est pour souligner son absence. » Selon lui, « la question phare, c'est comment faire confiance, comment avoir confiance dans l'information, dans les gouvernements, dans les banques », etc.

Alexandre Stachtchenko rappelle que Satoshi Nakamoto fait ce constat pour les banques et qu'il propose de s'en passer en créant une nouvelle monnaie électronique décentralisée, c'est le Bitcoin. Mais Bitcoin c'est aussi la blockchain, et voici la définition qu'il en donne : « La blockchain est un protocole numérique gérant un réseau pair à pair qui enregistre la propriété et crée la confiance », c'est-à-dire :

- « [le] protocole numérique, [...] un ensemble de règles pour que les machines se comprennent entre elles » ;
- un réseau « décentralisé : chaque pair est égal, sans hiérarchie » ;
- la propriété numérique : « Internet permet l'échange d'informations mais le problème est que sur Internet vous pouvez dupliquer l'information autant de fois que vous voulez. Si je vous envoie un morceau de musique, vous pouvez le copier dix fois, cent fois. Vous ne pouvez donc pas échanger de la valeur sur Internet, parce que la valeur vient de la rareté, donc si vous pouvez dupliquer n'importe quel bout de valeur, votre valeur disparaît. Et donc la blockchain vient permettre cet échange de valeur sur Internet en identifiant chaque bout d'information, en traçant chaque bout d'information, créant ainsi la propriété numérique, et la confiance. »

On revient ici au chapitre précédent lorsque nous expliquions le fonctionnement de Bitcoin : l'enjeu consistait à faire circuler un objet numérique infalsifiable sur Internet, où la duplication est pourtant consubstantielle au monde numérique. Bitcoin y est parvenu, mais la blockchain permet à n'importe quel objet numérique de bénéficier de cette découverte : un morceau de musique, une création visuelle, un droit de propriété, une transaction commerciale, etc.

Continuons avec Alexandre Stachtchenko : « La monnaie est une application de la blockchain, mais c'est loin d'être la seule. Pourquoi faut-il s'intéresser à la blockchain ? Parce qu'elle a le potentiel de toucher à la confiance, c'est-à-dire de changer la majorité de nos comportements en créant des possibilités inédites, et ce dans tous les sujets majeurs de ce début de siècle. Elle permet à 3,5 milliards d'individus non bancarisés d'accéder à des services financiers, elle permet de créer de la confiance dans des situations où elle n'existe pas, du fait d'États faillis, de lobbyings, etc. » Il conclut, lyrique : « On se prend à rêver que la blockchain crée un monde plus humain, plus juste. »

Prolongeons la réflexion : il n'y a pas qu'Internet qui a échoué, il y a aussi les États qui, parfois, entraînent leur pays dans la guerre, la faillite ou la corruption ou, dans nos démocraties libérales, qui cherchent à s'occuper de tout et déresponsabilisent ainsi les individus.

Avec un outil comme la blockchain, il devient possible à des communautés de s'organiser de façon autonome, de se prendre en main, de façon transparente et peu coûteuse. Cela ne peut avoir que des effets positifs.

Tous les nouveaux services autorisés par la blockchain qui permettent de sécuriser une somme d'argent, d'effectuer des paiements, de gérer des droits de propriété, de construire des marchés financiers et des systèmes d'assurance, constituent des outils fiables et bon marché capables de favoriser le développement économique. Les promoteurs de ces technologies « prédisent que la transition pourrait commencer par les pays instables, où la monnaie est faible, l'administration chaotique, la propriété privée mal protégée. Pour les nouvelles classes moyennes mondialisées de ces régions, la tentation sera forte de faire migrer leurs activités sur un réseau fiable, neutre, géré par des algorithmes incorruptibles[3]. »

Les *smart contracts*

La première application concrète, dès 2012, voit le jour sur la blockchain Bitcoin avec les *colored coins*. Pour comprendre ce concept, prenons une métaphore : un joueur de casino décide de mettre une touche de peinture sur chacun de ses jetons pour voir comment ils vont circuler sur la table de jeu. Transposons sur le réseau Bitcoin : des personnes décident de créer une société, elles apportent chacune leur part au capital de cette entreprise sous forme de bitcoins et ceux-ci vont être « coloriés » (de façon informatique) avec une couleur précise et ainsi clairement identifiés comme tels.

Lorsque cette entreprise distribuera des dividendes, ces bitcoins seront coloriés de la même façon, ce qui permettra d'attester qu'ils proviennent bien d'elle et ils seront répartis entre les différents actionnaires en fonction de leur part au capital. Ces actionnaires peuvent décider de vendre une partie du capital qu'ils détiennent, ce qui se fera facilement puisque ces bitcoins sont clairement identifiés grâce à leur « couleur ». Et l'on vient ici tout simplement de créer un marché boursier.

Les *colored coins* rajoutent une couche logicielle de façon à identifier un certain nombre de bitcoins, il devient donc possible de créer divers services et marchés financiers. Mais le

3. « Dark Wallet, les anarchistes de l'argent », *Le Monde*, 18 octobre 2014.

concept ne va pas prendre parce qu'il arrive trop tôt et parce qu'il n'est pas aisé à mettre en place par les programmeurs.

C'est ici qu'intervient Ethereum, qui va rafler la mise. Un jeune geek de génie, Vitalik Buterin (né en 1994), canadien d'origine russe, découvre Bitcoin en 2011. Il ne veut pas ajouter un langage de programmation mais carrément créer une nouvelle cryptomonnaie avec sa propre blockchain. Il publie une description de son projet dans un livre blanc en décembre 2013 (à 19 ans donc !), et Ethereum est lancé en 2015. La monnaie associée (l'ether), comme moyen de transaction et réserve de valeur, est ici secondaire, l'objectif consiste à offrir à tous les programmeurs la blockchain la plus complète, la plus malléable et la plus facile à programmer.

Et l'outil essentiel de la blockchain Ethereum est le *smart contract* (« contrat intelligent »), c'est-à-dire une application informatique qui exécute certaines opérations automatiquement à partir du moment où certaines conditions sont remplies. Ces opérations et ces conditions sont inscrites dans une blockchain, c'est-à-dire qu'elles n'ont pas besoin d'un tiers de confiance ou d'une instance centrale pour s'exécuter, elles s'enclenchent automatiquement. Elles sont inaltérables et transparentes, chacun peut lire ces lignes de code et les auditer. Le *smart contract* apporte rapidité, efficacité, faible coût de fonctionnement et une nouvelle forme de confiance qui permet à des personnes et à des entités qui ne se connaissent pas de travailler ensemble. Cette « révolution blockchain » permet de dépasser le simple transfert de valeur pour aller vers la construction d'un système économique complet.

On peut par exemple programmer que tel compte versera telle somme (en ether ou dans une autre cryptomonnaie) à tel compte à une date précise. Ou que ce versement sera conditionné par un événement donné (le retard d'un avion donnera lieu au versement d'une indemnité au passager qui se sera assuré). La blockchain, par sa sécurité, sa transparence, son immuabilité, assure que le contrat ne peut pas être modifié en cours de route par l'un des cocontractants, elle permet de vérifier la bonne exécution du contrat. La blockchain fait ici office de *tiers de confiance* transparent, automatisé, dont l'historique ne peut être corrompu, ce qui fiabilise les relations entre les individus et diminue les coûts de fonctionnement car les frais de structure sont faibles. Voilà qui change des processus habituels, souvent opaques et coûteux (banque, assurance, etc.).

En agrégeant plusieurs *smart contracts* entre eux, il devient possible de construire un ensemble d'applications (DApps pour *Decentralized Applications*), ou même une véritable « organisation décentralisée autonome » (DAO pour *Decentralized Autonomous Organisation*), c'est-à-dire une entreprise ou une communauté d'un nouveau type. Par exemple, OpenBazaar.org, un site de petites annonces lancé en 2014, fonctionne à partir d'une DAO, si bien qu'aucune autorité centrale n'est nécessaire pour le faire tourner. Entièrement décentralisé, il ne génère aucun coût, il est donc gratuit pour l'utilisateur. Ethereum se présente ainsi comme un ordinateur mondial public et très sécurisé sur lequel tout un chacun peut déployer des *smart contracts*, des DApps, des DAO, etc.

Derrière cette idée de *smart contracts* se trouve un principe formulé en 2000 par le juriste américain Lawrence Lessig : « *Code is law* », le code [informatique] est la loi. Les règles sont définies au départ et il est ensuite impossible d'en changer. Les parties prenantes peuvent ainsi effectuer des opérations précises en fonction d'instructions totalement auditables en garantissant une exécution non biaisée, puisque tous les contributeurs du réseau vérifient que personne n'a pu modifier le programme.

Mieux gérer les droits de propriété

Parmi les applications prometteuses, la blockchain peut servir à l'authentification des droits de propriété (*smart property*). Il est possible d'y enregistrer une transaction précise qui intègre non pas le document lui-même, mais son empreinte (*via* un traitement cryptographique) et celle-ci devient une preuve horodatée, irréfutable et indélébile de l'existence de ce document sans avoir à en révéler le contenu, le tout pour un coût minime. C'est le métier des notaires et des organismes de dépôt de brevet qui est directement impacté.

Dans certains pays émergents, le cadastre se révèle souvent déficient. Ainsi, au Ghana, 90 % des terres rurales ne sont pas enregistrées dans une base de données officielle, ce qui constitue un réel frein au développement économique (conflits de voisinage, corruption, impossibilité d'hypothéquer le terrain pour emprunter). Cette insécurité juridique dissuade d'investir dans les terres (en équipement, en irrigation, en infrastructures) et contraint les agriculteurs à se limiter à des cultures d'autosubsistance. En accord avec l'État central, l'ONG Bitland s'attelle à enregistrer les titres de propriété sur la blockchain ; une initiative comparable a lieu au Honduras. La mise en place d'un cadastre traditionnel, avec un réseau de notaires, coûterait infiniment plus cher.

Les médicaments sont un autre exemple en rapport avec les pays émergents. L'Organisation mondiale de la santé (OMS) estime à 700 000 le nombre de décès par an provoqués par des médicaments contrefaits (10 à 30 % des médicaments fournis dans les pays en développement seraient des faux médicaments). Un moyen de lutter contre ce phénomène serait de créer un système universel garantissant la traçabilité des médicaments. « La blockchain, en tant que registre distribué, pourrait permettre aux différentes entreprises pharmaceutiques, aux régulateurs et même aux particuliers d'utiliser la même base de données, sans qu'une seule entreprise ou institution n'en soit propriétaire[4]. »

Améliorer les chaînes logistiques

Prenons un autre domaine d'application où la blockchain apporte déjà un vrai service. Une chaîne logistique, qui permet de livrer un produit d'une usine à un client parfois situé à l'autre bout du monde, met en relation de nombreux acteurs : le manufacturier et ses fournisseurs, les transporteurs, les financeurs, les distributeurs, les détaillants. Très complexes, les chaînes d'approvisionnement font face à de nombreux problèmes : nombre d'intermédiaires, paperasse, manque de flexibilité, fraudes (contrefaçons, normes sanitaires). Dans ce cadre, la blockchain peut apporter à la fois de l'efficacité, de la sécurité et de la transparence, en un mot, de la *confiance*, la notion centrale lorsqu'il faut réunir de multiples acteurs aux intérêts différents. La blockchain est une « machine à créer de la confiance » selon l'expression du magazine *The Economist.*

Une chaîne logistique concerne les domaines clés du commerce international :

- le transport et la logistique,
- les procédures douanières,
- la traçabilité des chaînes d'approvisionnement (par exemple, pour certifier l'origine des produits et ainsi lutter contre la contrefaçon, pour garantir la qualité, pour repérer rapidement les produits défectueux),
- l'accès aux financements (payer les transporteurs, les lieux de stockage, avancer le prix des marchandises).

4. « La blockchain et la santé », blockchainfrance.net

Pour l'instant, ces différents acteurs travaillent en silo et ils ont leurs propres bases de données. S'ils sont tous connectés dans une blockchain qui offre la garantie que l'information ne peut pas être altérée, cela crée de la confiance et chacun peut suivre les différentes opérations en temps réel. Dans ce cas, nous avons affaire à des blockchains privées, les acteurs ont ainsi l'assurance que l'information ne sera visible que par ceux qui en ont l'autorisation. Une telle organisation ne peut que générer des gains considérables dans le commerce international, c'est le pari que font certaines grandes entreprises du secteur.

Une blockchain privée peut sembler en contradiction avec cette volonté affichée de transparence et sa dimension publique. Les participants se choisissent entre eux et établissent une gouvernance ; nul ne peut entrer de son seul fait, il faut être agréé… Les blockchains privées ont cependant leur légitimité, toutes les informations ne doivent pas non plus se promener en clair sur Internet, elles permettent l'échange d'information mais aussi leur confidentialité. Et elles gardent leurs avantages de base : gouvernance simplifiée, coûts réduits, rapidité. On pourrait les comparer aux intranets, réservés à des utilisateurs précis, par opposition à l'Internet, public.

La logistique constitue l'un des domaines d'application de la blockchain et il existe déjà plusieurs plateformes qui visent à connecter les différents acteurs que sont l'importateur, l'exportateur, les compagnies maritimes, les autorités portuaires, mais aussi les autorités clés comme les douanes et les différentes agences qui délivrent les certificats sanitaires, ainsi que les banques. Cela permet des gains considérables en termes de temps et d'efficacité. Selon l'Organisation mondiale du commerce (OMC), la blockchain pourrait bien être le plus grand disrupteur du secteur du transport maritime et du commerce international depuis l'invention du conteneur dans les années 1950.

Ainsi, la société de transport maritime Maersk, l'un des plus grands armateurs du monde, a lancé la solution TradeLens, une infrastructure partagée comptant déjà plus d'une centaine d'acteurs (transporteurs, ports, douanes, sociétés de logistique, etc.), qui permet une meilleure circulation de l'information de façon à réduire les temps de transit et d'attente. La blockchain permet à tous les acteurs d'avoir accès en temps réel à la même information sur l'état d'un conteneur.

La cryptomonnaie la plus connue dans ce domaine est VeChain (VET). Domiciliée à Singapour, la société permet de numériser des actifs pour les suivre et en assurer la traçabilité, et ainsi garantir leur authenticité. La société intervient sur plusieurs secteurs, que ce soient le luxe (sacs, parfums, vêtements de marque), l'agroalimentaire (vins, produits périssables), les pièces de rechange automobiles. La traçabilité des produits s'effectue grâce à un système d'étiquetage avec une puce ou un code qui donne une identité propre à chaque produit échangé (puces NFC, puces RFID et codes QR). Ce procédé permet par exemple aux utilisateurs de scanner, à n'importe quel moment, *via* leur Smartphone, les informations sur le produit et d'en connaître tous les détails (fabrication, matériaux utilisés, stockage, etc.). Sunny Lu, le fondateur, est l'ancien responsable de Louis Vuitton Chine, et donc parfaitement sensibilisé aux problèmes de contrefaçon.

Ubériser Uber !

Les applications de la blockchain sont déjà extrêmement nombreuses, nous en verrons d'autres au cours du livre. Ses potentialités semblent sans limites, par exemple il devient possible d'ubériser Uber ! Comment ? Les plateformes comme Uber, Airbnb, Booking, BlaBlaCar, etc. ont pour point commun de centraliser les informations et les interactions entre les utilisateurs sur leurs serveurs, en prenant au passage une confortable commission (jusqu'à 25 % pour Uber). Des applications décentralisées pourraient offrir le même service pour un coût nettement inférieur, sans capter une commission aussi élevée. Plus généralement, la blockchain remet en cause la façon même de s'organiser, que l'on conçoit toujours mentalement comme un processus de récupération de données, de centralisation, de mise en correspondance, puis de redistribution. La décentralisation casse le modèle hiérarchisé et lourd pour quelque chose de fluide et de transparent. La blockchain, c'est en quelque sorte « l'ubérisation ultime[5] ».

Les GAFA (Google, Apple, Facebook, Amazon) semblent des citadelles imprenables, des quasi-monopoles qui, nés du capitalisme, en pervertissent la logique pour préserver leur hégémonie. Erreur, la blockchain permet justement de contester leur puissance en facilitant des échanges, des transactions, des interactions sans commission élevée – au contraire des GAFA – et sans censure au moment où les YouTube, Twitter et Facebook deviennent de plus en plus suspicieux…

Bientôt la revanche de Bitcoin ?

Nous l'avons dit, l'idée d'exploiter la blockchain pour faire autre chose que transférer de l'argent est née sur Bitcoin (les *colored coins*), mais c'est Ethereum – spécifiquement créé pour cette fonction – qui a raflé la mise. Cependant, Bitcoin a-t-il dit son dernier mot ?

---

5. Expression de l'auteur, dans « Le blockchain, nouvel eldorado numérique des banques », *Le Monde*, 30 septembre 2015.

Le langage de programmation d'Ethereum (Solidity) est « Turing-complet », c'est-à-dire qu'il est notamment capable de résoudre tout problème de calcul fondé sur une procédure algorithmique, soit la répétition d'une formule. Or, pour déployer des *smart contracts*, il faut pouvoir exécuter un programme en boucle, de façon ininterrompue, et cela n'est pas possible avec le langage de programmation de Bitcoin (script). C'était une volonté de Satoshi Nakamoto : ce défaut est aussi une qualité dans le sens où il permet d'économiser les ressources, ce qui est crucial avec un protocole décentralisé, qui plus est de petite taille au début, et cela assure une meilleure stabilité et une meilleure résistance aux attaques. En un mot, un langage plus simple mais plus robuste.

Cependant, il existe un moyen de contourner cette limitation : la *sidechain*. Si le langage de programmation de Bitcoin ne permet pas de déployer des *smart contracts*, la solution consiste à mettre en place une « machine virtuelle » qui se chargera d'exécuter les instructions de ces *smart contracts*, puis d'inscrire les transactions résultantes sur la blockchain de Bitcoin. C'est ce qu'on appelle une solution de « deuxième couche ». On rajoute un niveau pour effectuer des opérations spécifiques tout en restant en contact et en conformité avec la blockchain Bitcoin, la « première couche ». Ces solutions de deuxième couche vont donc créer leur propre blockchain, mais qui sera intrinsèquement liée à celle de Bitcoin. C'est ce qu'on appelle une *sidechain*.

Mais cette solution est plus complexe à mettre en œuvre : les bitcoins de la blockchain Bitcoin ne peuvent évidemment pas aller sur cette *sidechain*, qui est une autre blockchain. Il faut donc immobiliser (séquestrer) les bitcoins nécessaires à l'exécution des *smart contracts*, créer des tokens qui représentent ces bitcoins et qui, eux, pourront circuler sur la *sidechain*. Ce sont les tokens de la *sidechain* qui sont utilisés pour faire fonctionner les *smart contracts*, et la blockchain de cette *sidechain* est Turing-complet, ce qui permet d'effectuer toutes les opérations nécessaires. Une fois que les *smart contracts* ont été effectués, il faut faire l'opération inverse : les tokens de la *sidechain* sont « verrouillés », les bitcoins sont « libérés » et se remettent à circuler sur la blockchain Bitcoin. On comprend que l'un des principaux risques de cette procédure est que les bitcoins soient mal séquestrés et qu'un hacker s'en empare. La sécurité constitue donc un impératif incontournable.

Des projets de *sidechains* pour Bitcoin émergent comme Rootstock (RSK), Liquid, RGB. Ainsi Rootstock, lorsqu'il doit exécuter un *smart contract*, séquestre une portion de bitcoin, fabrique du RSK Smart Bitcoin (RBTC), une « représentation » de Bitcoin (1 RBTC = 1 BTC), qui circule alors sur sa blockchain, avant d'être retransformé. Liquid a son LBTC (1 LBTC = 1 BTC) qui fonctionne pareillement.

Bitcoin a parfaitement réussi comme système de transaction et comme réserve de valeur, même si son cours est très volatil, mais il n'a pas réussi à s'imposer pour les services liés à la blockchain. C'est peut-être en train de changer et il pourrait faire valoir plusieurs avantages incontestables comme la robustesse et la sécurité de sa blockchain, ou le fait que ses utilisateurs manieront des bitcoins (plus exactement des représentations de bitcoins) plutôt que des ethers, qui circulent sur la blockchain Ethereum, et ils sont bien plus répandus.

Son « effet réseau » est aussi largement le plus important du monde des cryptomonnaies, il compte le plus grand nombre d'utilisateurs, et il peut s'appuyer sur un écosystème puissant avec de nombreux programmeurs, de nombreuses sociétés. Comme Bitcoin est déjà largement utilisé à travers le monde pour des virements et des paiements, il serait logique que les divers services financiers soient disponibles directement sans besoin de le convertir en ethers (même si on peut aussi manier des représentations de bitcoins sur la blockchain Ethereum, nous le verrons dans le chapitre sur la finance décentralisée). Bitcoin n'a pas dit son dernier mot dans le domaine de la blockchain.

Chapitre 3

Les contre-vérités sur Bitcoin

Bitcoin compte de nombreux adversaires, que ce soient des dirigeants de banques centrales, des banques, certains gouvernements ou des économistes et tous les arguments sont utilisés pour le déconsidérer. Il s'agit pour eux de détourner de nouveaux adeptes des cryptomonnaies. Répondons à ces critiques.

Non, Bitcoin n'est pas anonyme

L'anonymat du bitcoin est souvent décrié (« la monnaie de la drogue et des mafias »), mais il faut comprendre qu'il est tout à fait relatif. Sur la blockchain, nous l'avons dit, toutes les transactions sont publiques, c'est de cette façon qu'elles sont validées par la communauté des mineurs.

Bien sûr, les adresses (les numéros de compte) sont confidentielles et chacun peut en créer autant qu'il veut ; cependant, elles restent à jamais inscrites dans la blockchain, elles constituent de ce fait une preuve absolue et incontestable des transferts d'argent. Ce n'est pas précisément ce que recherchent les organisations criminelles. Une adresse qui reçoit et envoie des montants importants peut être facilement repérée et mise sous surveillance par n'importe quel organisme officiel de lutte contre le blanchiment, et des sociétés privées (comme Chainalysis) aident les États à scanner la blockchain.

Si le réseau garantit l'anonymat, le fait d'y entrer ou d'en sortir laisse des traces aisément identifiables. Un compte est facilement identifié à partir du moment où il quitte le réseau bitcoin : soit il vend ses bitcoins sur une place de marché et vire les euros obtenus sur un compte en banque, ce qui le relie à coup sûr à une personne physique, soit il achète un produit chez un marchand, et il révèle ainsi un nom et un domicile. Dans l'autre sens, pour acheter des bitcoins, il faut obligatoirement passer par un compte bancaire, on ne peut pas en acquérir avec des valises de billets, on est donc également facilement identifié. Quand bien même une personne parviendrait à rester très discrète sur la blockchain, si elle fait un virement à une personne qui se fait attraper, on pourra remonter jusqu'à elle.

Il faut plutôt parler de pseudo-anonymat (« pseudonymat »). La blockchain est un grand livre ouvert, il est aisément lisible alors que des transactions qui passent par des banques situées dans des paradis fiscaux s'avèrent très difficiles à suivre. L'argent de la drogue et des trafics illicites utilise depuis longtemps le cash et le circuit bancaire offshore, de grandes banques ayant pignon sur rue sont régulièrement impliquées. Bitcoin est trop lisible pour offrir une alternative intéressante, au point d'ailleurs que les fonds volés deviennent *de facto* inutilisables : les 1 241 bitcoins subtilisés à la plateforme Bitfinex en 2016, et dont on a détecté quelques mouvements en avril 2021 sont, selon l'expert Adam Cochran, impossibles à récupérer : « Les bitcoins issus du hack de Bitfinex en 2016 figurent parmi les fonds les plus pistés et blacklistés au monde. Aucun *exchange* ne les acceptera. Ils ne peuvent jamais vraiment être échangés contre du *fiat* [dollars]. »

Selon un rapport de la société Chainalysis de janvier 2021, seulement 0,34 % des transactions réalisées en cryptomonnaies seraient liées à une « activité répréhensible avérée », soit un montant d'une dizaine de milliards de dollars. Un chiffre en forte baisse sur l'année 2019 qui en cumulait un peu plus de 2 %, soit une vingtaine de milliards de dollars. Il s'agit pour l'essentiel de *ransomware*, un type de *malware* (logiciel malveillant) qui crypte le disque dur pour empêcher l'utilisateur d'accéder à ses données et exige le paiement d'une rançon en échange du code permettant de rétablir l'accès.

Si, Bitcoin a une valeur intrinsèque

Ce n'est que du code informatique, du « vent », « ça ne repose sur rien » disent ses détracteurs. Cette remarque est déjà stupide en soi : Facebook aussi ce n'est « que du code informatique », la société ne vaut donc rien ? Affirmer cela traduit surtout une méconnaissance totale de l'informatique et d'Internet. Le prix Nobel Jean Tirole tombe dans ce piège : « C'est quelque chose qui n'a pas de valeur intrinsèque, qui peut s'effondrer du jour au lendemain. Donc, je ne voudrais absolument pas que les banques françaises, par exemple, investissent dans le bitcoin[1]. »

Alors, d'où vient la valeur du bitcoin ? Voici une question qui suscite encore aujourd'hui des discussions et des polémiques. Essayons d'y voir clair. Pour un actif donné, il existe deux types de valeurs : soit une valeur de contrepartie, soit une valeur intrinsèque. Une monnaie papier comme l'euro n'a pas de valeur intrinsèque, c'est un morceau de papier (un billet de banque), ou une écriture électronique dans le système bancaire. C'est surtout la contrepartie d'une dette. Un billet de 10 euros constitue, pour celui qui le détient, un actif. Mais ce billet est aussi inscrit au passif de la Banque centrale européenne (BCE), et si celle-ci use et abuse de la planche à billets, elle diminue le pouvoir d'achat de la monnaie, sans

1. « Le bitcoin, une "monnaie ubérisée" mais pas sans danger », lepoint.fr *via* AFP, 24 novembre 2017.

qu'on n'y puisse rien. C'est comme une action qui figure au passif de l'entreprise (son capital), qui gagne de la valeur si ses bénéfices augmentent, ou qui en perd si l'entreprise réalise des pertes, ou même ne vaut plus rien si elle fait faillite.

Au contraire, l'or est sans contrepartie, il ne figure au passif de personne, il possède une valeur intrinsèque. C'est aussi le cas pour un bien immobilier ou une œuvre d'art. « L'or ne fait pas faillite », affirme le dicton. Effectivement, et c'est ce qui fait toute sa valeur, notamment en période de crise financière. Bien sûr, son cours exprimé en euros varie avec le temps, mais il garde une valeur intrinsèque (un pouvoir d'achat) par-delà les décennies.

Le bitcoin, comme l'or, est sans contrepartie, il ne dépend d'aucune institution, il n'est inscrit au passif de personne, et c'est ce qui fait toute sa force. Mais quelle est cette valeur intrinsèque justement ? Sur le site du projet bitcoin.org, on peut lire : « Bitcoin tire sa valeur de son acceptation comme moyen de paiement. Sa valeur initiale sur le marché a été obtenue lorsque les gens ont spéculé et que, de par ses propriétés, la monnaie allait être acceptée ensuite par d'autres. » C'est certain, mais pas suffisant car un peu tautologique (le bitcoin a de la valeur parce qu'il est accepté comme moyen de paiement) et trop fondé uniquement sur la confiance, comme les monnaies papier.

L'économiste Georges Lane, adepte de l'école autrichienne, apporte un élément déterminant à cette question en expliquant que « le système de paiement est la source de la valeur, tandis que l'unité de compte se borne à exprimer cette valeur en termes de prix[2] ». Effectivement, l'euro n'est pas en lui-même un système de paiement, les transactions par carte bancaire passent par les banques commerciales, pas par la Banque

2. « Ce qui a donné au "bitcoin" toute sa valeur », 24hgold, 13 juillet 2017.

centrale européenne. Au contraire, Bitcoin est à la fois un système de paiement et une unité monétaire, et ce système fonctionne parfaitement et pour un coût minime, c'est ce qui fait toute sa valeur. Ce système de paiement fonctionne 24 heures sur 24, 365 jours par an, il permet d'envoyer de l'argent à l'autre bout du monde en quelques minutes et pour un coût minime, jamais aucun « faux » bitcoin ne s'est introduit, aucun bitcoin n'a été envoyé et n'a disparu dans la nature, aucun système de paiement au monde ne peut en dire autant.

Répétons-le, il faut bien comprendre cette distinction : l'euro n'est pas un système de paiement mais seulement une monnaie. Quand on paye par carte bancaire, on passe par une ou plusieurs banques commerciales (c'est uniquement quand on paye en billets et pièces que l'on utilise un moyen de paiement émis par la Banque centrale). L'euro est « seulement » une monnaie et pour circuler il doit passer par le système bancaire. Alors que Bitcoin est une monnaie *et* un système de paiement, efficace, rapide, peu coûteux, et qui transite par Internet, c'est-à-dire complètement en dehors du circuit bancaire. La « qualité » de ce système de paiement fait sa valeur, d'où la distinction entre Bitcoin – avec un B majuscule –, qui est le système de paiement (la blockchain), et le bitcoin – avec un b minuscule –, qui est la monnaie qui circule.

Ajoutons que le paiement n'est pas la seule option permise par la blockchain mais qu'elle permet aussi d'implémenter quantité d'applications et de services financiers qui concourent à cette valeur intrinsèque. La blockchain permet de construire tout un écosystème qui confère naturellement de la valeur au bitcoin.

Enfin, précisons que cette unité monétaire, le bitcoin, est disponible en quantité limitée (pas plus de 21 millions), ce qui en fait une ressource rare, donc coûteuse. La valeur intrinsèque de Bitcoin est donc triple : le système de paiement, la blockchain comme support de multiples services financiers et le fait qu'il n'y aura pas plus de 21 millions d'unités monétaires. Largement de quoi conférer une solide valeur intrinsèque !

Alors, que vaut un bitcoin ? Justement, personne n'a le pouvoir d'en décider puisqu'il n'y a pas de banque centrale ou d'autorité légale. Bitcoin est une monnaie complémentaire, alternative, ce qui signifie que le vendeur et l'acheteur doivent être d'accord pour réaliser une transaction dans cette monnaie – personne n'est obligé de recevoir un paiement en bitcoins contre sa volonté (contrairement à l'euro qui a « cours légal » dans toute la zone euro). La réponse est donc simple : ce sont ceux qui l'utilisent qui vont en fixer le prix. C'est l'offre et la demande qui déterminent le cours du bitcoin contre les principales devises.

Non, Bitcoin n'est pas une pyramide de Ponzi

C'est la conséquence de la contre-vérité précédente : si le bitcoin n'a aucune valeur intrinsèque, seule une pyramide de Ponzi peut expliquer que son cours grimpe autant. « La hausse alimente la hausse, jusqu'à l'écroulement final », affirment ses détracteurs. Un système de Ponzi est un produit financier qui promet un taux d'intérêt exceptionnellement élevé et qui le verse effectivement aux premiers souscripteurs… avec l'argent déposé par les clients. Tant que les nouveaux arrivants affluent, le système s'entretient et son initiateur s'en met plein les poches, jusqu'à ce que les retraits dépassent l'argent disponible en caisse, alors la pyramide s'écroule (comme le fonds de Bernard Madoff en 2008).

Mais dans un système de Ponzi, il n'y a aucune création de valeur. Les taux d'intérêt versés proviennent du capital déposé, pas d'une quelconque activité économique. Au contraire, Bitcoin génère de la valeur à plusieurs niveaux : comme moyen de paiement, comme ressource rare, avec la blockchain comme support de multiples applications ; tout un écosystème se développe autour de lui. De plus, avec Bitcoin et la blockchain, nous avons affaire à un nouveau paradigme (un fonctionnement en réseau décentralisé) qui va impacter d'une façon ou d'une autre la plupart des secteurs de l'économie, il est donc normal que l'on assiste à l'arrivée de tant de nouveaux investisseurs, d'utilisateurs et de start-up.

Et puis, il ne faut pas voir les choses à l'envers : ce n'est pas parce que quelque chose a du succès et voit son nombre d'adeptes exploser qu'il s'agit d'un système de Ponzi ! Sinon, l'action Apple est un système de Ponzi, Facebook aussi.

Non, Bitcoin n'est pas une bulle

Dans la même veine que l'accusation précédente, Bitcoin serait une bulle : le cours monte uniquement grâce aux nouveaux arrivants. C'est faux, nous l'avons vu, Bitcoin possède une valeur intrinsèque, tout un écosystème se développe autour de lui.

Ceci dit, il faut être conscient qu'il existe une dimension bullaire dans la hausse du cours. Une bulle apparaît lorsque le prix du marché s'écarte de façon excessive de la valeur intrinsèque, et la forte volatilité de Bitcoin indique que cela se produit souvent. À de fortes hausses succèdent souvent des krachs, les « montagnes russes » sont courantes. Tous les actifs financiers connaissent plus ou moins des périodes bullaires, mais Bitcoin est spécialement concerné du fait de sa nouveauté et de l'attrait qu'il suscite, ainsi que de sa taille finalement relativement faible à l'échelle de la planète financière (à 50 000 dollars, Bitcoin pèse environ 1 000 milliards de dollars), tout mouvement important de va-et-vient provoque ainsi de fortes variations de cours.

Les mouvements peuvent être très violents. Ainsi, entre le plus haut niveau atteint en novembre 2013 et le plus bas niveau atteint fin 2014, son cours a perdu 86 %. Mais de tels mouvements se voient aussi dans les actions : Amazon, lors du krach des valeurs technologiques en 2000, a encaissé une perte de 95 % entre son plus haut et son plus bas ; *idem* pour Nvidia, 85 %, à la même époque. L'attrait de la nouveauté et une capitalisation faible exacerbent les mouvements de cours, il faut le savoir.

Mais fondamentalement, le Bitcoin n'est pas une bulle parce que son succès ne se résume pas au nombre de ses acquéreurs. On compte aussi de plus en plus d'utilisateurs (pour des transactions), de nouveaux services, de nouvelles applications de la blockchain, etc.

Non, Bitcoin n'a pas besoin d'une banque centrale

Selon certains[3], Bitcoin échouera du fait de l'absence d'une banque centrale, notamment à travers l'une de ses principales missions, celle de « prêteur en dernier ressort ». En cas de crises financière et bancaire du type de 2008, aucune banque centrale ne pourrait intervenir pour sauver les banques qui auraient fait des prêts en bitcoins, ce qui entraînerait une vague de faillites catastrophique.

3. « BNP Paribas : le Bitcoin va échouer du fait de l'absence d'un "prêteur en dernier ressort" », crypto-france.com, 20 novembre 2017.

Cette critique est particulièrement révélatrice car c'est précisément parce qu'il existe des banques centrales interventionnistes que nous connaissons de graves crises financières : si les banques commerciales sont assurées d'être secourues, elles vont prendre d'autant plus de risques ! C'est le syndrome, désormais largement étudié et reconnu, du *too big to fail* (« trop gros pour faire faillite ») qui pousse les autorités monétaires et gouvernementales à venir au secours des banques menacées d'effondrement, car elles sont devenues trop grosses et leur disparition mettrait toute l'économie par terre. Mais justement, ne pouvant bénéficier d'un tel secours, une banque qui voudrait faire des prêts libellés en bitcoins prendrait des garanties autrement plus solides que les banques actuelles.

L'absence de banque centrale pour Bitcoin empêche la planche à billets, c'est-à-dire la remise en cause de la limite de 21 millions pour en créer un million, deux millions ou plus. Non, vraiment, l'absence de banque centrale constitue justement un point fort de Bitcoin !

Si, Bitcoin est une monnaie

Certains contestent la qualité de monnaie au bitcoin et dénoncent l'utilisation du terme cryptomonnaie, lui préférant celui de cryptoactif (la Banque de France, par exemple). « Cryptoactif » sous-entend un actif que l'on ne comprend pas très bien, très spéculatif, mais qui n'a rien à voir avec les monnaies, les grandes devises, qui sont gérées sérieusement... Aristote définit la monnaie ainsi : elle doit servir de *moyen d'échange*, constituer une *réserve de valeur* et être une *unité de compte* (pour le calcul économique, la comptabilité). Appliquée au Bitcoin, on constate que la première condition est remplie depuis longtemps. Si la forte volatilité constitue une limitation évidente pour les deux conditions suivantes, le long terme joue en leur faveur : grâce au pouvoir d'achat préservé, la fonction de réserve de valeur s'impose, il a même considérablement augmenté. Pour l'utilisation de Bitcoin comme unité de compte, il faudra attendre, mais c'est déjà en partie le cas dans les pays où la devise nationale s'est effondrée (Venezuela, Liban, etc.), le Bitcoin est plus « stable » finalement ! Et puis il ne faut pas tout voir au travers du prisme de nos monnaies nationales, tout dépend de la référence que l'on choisit. Par rapport à l'immobilier, la valeur de l'euro s'est effondrée sur les vingt dernières années. En 1970, une once d'or (31,1 grammes) valait 35 dollars, aujourd'hui environ 2 000. Qu'en est-il de la fonction de « réserve de valeur » de la monnaie américaine ? La monnaie est un attribut régalien, mais elle ne se confond pas avec lui, elle dépend d'abord de ses utilisateurs et de la confiance qu'ils lui accordent, et dans ce domaine, le Bitcoin dispose d'atouts déterminants.

Si, Bitcoin est scalable

Le réseau Bitcoin peut supporter 7 transactions par seconde au maximum (contre plusieurs milliers pour le réseau Visa). Ce chiffre doit obligatoirement augmenter pour permettre son développement. Lorsque les transactions s'engorgent, comme on a pu le voir lors de la bulle de la fin 2017, il a été nécessaire d'augmenter les frais de transaction pour être certain qu'elles soient validées, ce qui va à l'encontre du projet initial d'un système bon marché.

Plusieurs solutions sont mises en place pour augmenter le nombre de transactions, comme SegWit qui réduit le format des transactions afin d'en augmenter le nombre. Mais la plus prometteuse est *Lightning Network* : l'idée consiste à mettre en place une solution de deuxième couche, au-dessus de la blockchain (une *sidechain*, comme pour faire tourner des *smart contracts*, voir la fin du chapitre précédent). Dans cette surcouche, on crée des canaux de paiement entre plusieurs comptes, et c'est seulement le solde de ces opérations qui est inscrit dans la blockchain. Avec *Lightning Network*[4], il n'y a plus aucune limite au nombre de transactions par seconde, elles sont instantanées (il n'y a plus d'attente de confirmation par les mineurs) et les frais sont extrêmement faibles, potentiellement en dessous d'un satoshi[5] (0,00000001 BTC), soit environ 0,0005 euro (pour un bitcoin à 50 000 euros). Cette solution se déploie, on compte près de 30 000 canaux dans le monde, mais ce n'est pas non plus une déferlante, il faut dire que le bitcoin est plus acheté pour être thésaurisé qu'utilisé dans la vie de tous les jours. Et puis, d'autres réponses arrivent, notamment dans le cadre de la finance décentralisée (avec des bitcoins synthétiques), nous y reviendrons.

Revenons à Andreas Antonopoulos qui livre une réflexion originale et pertinente sur le sujet. Il revient sur le développement d'Internet et montre que l'on s'est régulièrement inquiété de sa capacité à absorber toutes les nouvelles applications (« le Web détruira Internet », « les vidéos détruiront Internet », « Netflix détruira Internet ») et il en déduit justement que « certains réseaux échouent pendant des décennies à se mettre à l'échelle et c'est le signe de leur succès[6] ». En effet, explique-t-il, « la mise à l'échelle, le *scaling*, est une cible mouvante. La mise à l'échelle définit les limites de nos capacités actuelles. À mesure qu'elle avance, nos capacités augmentent. La raison est simple : c'est parce que la mise à l'échelle n'est pas un objectif à atteindre en soi ; elle définit ce que vous pouvez faire sur le réseau aujourd'hui. Quand

---

4. Pour en savoir plus on lira avec intérêt la note de Yorick de Monbynes, « Comprendre le Lightning Network », Institut Sapiens, juin 2020.
5. Le satoshi est la plus petite unité du bitcoin.
6. Andreas Antonopoulos, *op. cit.*, p. 145.

vous augmentez la capacité, la définition même de ce que vous pouvez faire sur un réseau change parce que quelqu'un dit, "Attends une seconde, tu veux dire que ce je peux maintenant faire X, qui est dix fois plus gourmand en ressources que ce que je faisais avant ? Faisons-le." Et là, vous échouez de nouveau à vous mettre à l'échelle[7]. »

Il en va de même pour Bitcoin : « Voici comment Bitcoin va fonctionner : nous aurons la discussion sur la mise à l'échelle chaque année pendant des décennies. Avec un peu de chance, chaque année, nous échouerons à nous mettre à l'échelle pour les applications à venir et nous y arriverons pour les précédentes. Aussitôt que nous y arriverons, les gens inventeront de nouvelles applications et nous échouerons à nouveau[8]. »

Non, les *forks* n'ont pas affaibli Bitcoin

Le *fork* est un terme anglais signifiant embranchement ou fourche. Il est né dans le secteur du logiciel pour désigner un nouveau programme dérivé du code source d'un programme existant (LibreOffice est un *fork* d'OpenOffice, par exemple). Suite à un conflit sur la façon de faire évoluer un logiciel, une partie des programmeurs décide de partir « avec armes et bagages », c'est-à-dire avec le code, pour faire selon leurs souhaits. Bien sûr, cela n'est possible que dans l'*open source* (le code du logiciel n'est la propriété de personne), et pas chez Windows ou Oracle, qui sont propriétaires du code.

Le milieu des cryptomonnaies est lui aussi *open source*, le code de Bitcoin n'est la propriété de personne, les *forks* sont donc tout à fait possibles et il s'en est produit plusieurs. Mais par

7. *Ibid.* p. 149.
8. *Ibid.* p. 153.

fork de Bitcoin, on n'entend pas copier le code et faire sa propre cryptomonnaie, il s'agit plutôt d'un *fork* contentieux (on parle de *hard fork*) qui amène une séparation de la blockchain. Dans ce cas, la blockchain (c'est-à-dire tout l'historique des transactions depuis l'origine) se scinde en deux, la principale qui reste le Bitcoin, et l'autre qui prend un nouveau nom et entraîne avec elle une partie des mineurs et des programmeurs. Cette situation est relativement grave, elle conduit à une « perte de substance » de l'écosystème Bitcoin.

La principale scission a été provoquée par le débat sur la scalabilité de Bitcoin. Entre 2013 et 2017, la question se posait de savoir comment augmenter le nombre de transactions par seconde : sur la blockchain elle-même (et donc en augmentant la taille des blocs, c'est-à-dire le nombre de transactions par bloc), ou en dehors de la blockchain grâce à des solutions de surcouche comme *Lightning Network*. Il faut rappeler que l'une des premières mises à jour importantes de Bitcoin est la diminution de la taille limite des blocs qui était à l'origine fixée implicitement à 32 Mo et qui a été réduite à 1 Mo par Satoshi Nakamoto lui-même à partir du 12 septembre 2010. Pour quelle raison ? Pour éviter une trop grande centralisation du minage, les gros blocs favorisant le mineur qui dispose de la plus grande puissance installée rendant possible une « attaque des 51 % » (qui aurait permis de mettre la main sur le projet). Aujourd'hui, ce type d'attaque ne serait plus possible vue la taille du réseau, mais le risque était bien réel au départ. Le fondateur de Bitcoin a donc préféré arbitrer en faveur de la sécurité au détriment des frais de transaction et des risques d'engorgement. Il a eu raison à long terme, mais les tensions furent importantes.

C'est donc sur ce sujet de la scalabilité qu'eut lieu le principal *fork* de Bitcoin jusqu'à ce jour, celui du Bitcoin Cash (BCH), le 1er août 2017. Ce dernier décida d'augmenter la taille des blocs de 1 à 8 Mo. Manque de chance pour lui, le 15 novembre 2018, le Bitcoin Cash subit à son tour un *fork*, qui donne lieu au Bitcoin SV (« Satoshi vision », prétendument conforme à la vision du fondateur de Bitcoin). Il y eut ensuite deux *forks* opportunistes suite à celui de Bitcoin Cash : en effet, quand la blockchain se scinde en deux, tous ceux qui détenaient des bitcoins à la date du 1er août 2017 ont reçu gratuitement le même nombre de bitcoins cash. C'est littéralement de l'argent tombé du ciel ! Et les médias du monde entier ont fait le buzz autour de ce *fork*, assurant une publicité gratuite à Bitcoin Cash. L'occasion était trop belle et deux autres *forks* auront lieu, le Bitcoin Gold (BTG) le 24 octobre 2017 et le Bitcoin Diamond (BCD) le 24 novembre 2017. Au total, ces *forks* de Bitcoin (BCH, BSV, BTG, BCD) ne représentent plus grand-chose aujourd'hui, et ils ont tous disparu du top 10 des cryptomonnaies.

Existe-t-il d'autres risques de *fork* de Bitcoin ? La principale source de tension était la scalabilité, nous l'avons vu, et elle est en train d'être réglée avec des solutions comme Lightning Network. Il n'existe pas d'autres conflits internes dans la communauté Bitcoin, en tout cas pas du niveau connu en 2017. Ce risque semble donc écarté.

Si, Bitcoin a peu de chance de perdre son rang

Nous sommes dans un domaine extrêmement concurrentiel, des milliers de cryptomonnaies existent et on peut tout à fait imaginer que l'une d'entre elles apparaisse et supplante l'acteur historique. Jusqu'à il y a peu, Bitcoin dominait outrageusement le secteur des monnaies numériques, il en représentait plus de 90 % de la capitalisation totale. Cette période est désormais révolue et sa part tombe parfois à 50 %.

Ethereum affiche de grandes ambitions et un écosystème puissant se développe autour de lui. Il aspire à devenir la blockchain de référence, et c'est le cas dans de nombreux domaines (finance décentralisée, NFT, nous allons y venir). D'autres cryptomonnaies mettent en avant la facilité de paiement, ou encore l'anonymat. Mais Bitcoin pourrait-il être dépassé techniquement, ringardisé et doucement sombrer dans les profondeurs du classement ? Il bénéficie de la plus grande communauté de développeurs, du plus grand écosystème, c'est-à-dire d'une capacité à réagir et à s'améliorer sans cesse. Il ne profite d'aucun monopole, il évolue dans un univers ultra-concurrentiel, ce qui lui interdit de se reposer sur ses lauriers. Un tel scénario ne pourrait se produire qu'en cas de graves crises de gouvernance et à ce moment-là, tout le monde aurait à y perdre. La probabilité d'un tel scénario demeure donc très faible.

Non, Bitcoin n'est pas une catastrophe énergétique

Les détracteurs de Bitcoin dénoncent un « désastre écologique » car les mineurs consomment d'énormes quantités de ressources en électricité. Selon une étude du *Cambridge Centre for Alternative Finance* de mars 2021, la consommation d'électricité de Bitcoin se monte à 128 TWh (térawatt-heure) par an, soit 0,6 % de la production mondiale d'électricité. Pour prendre des éléments de comparaison, c'est un peu plus que la consommation d'un pays comme la Norvège, c'est dix fois celle des serveurs de Google (12,2 TWh en 2019), un peu moins que l'ensemble des centres de données dans le monde (200 TWh), et nettement moins que l'air conditionné et les ventilateurs (2 000 TWh par an).

Cette consommation provient de la validation des transactions effectuée par les mineurs. Nous l'avons dit, ils font tourner des programmes informatiques 24 heures sur 24 sur des ordinateurs surpuissants ; on parle de « preuve de travail » (*proof of work*). Il existe un autre mode de validation des transactions, qui est utilisé en fait par la plupart des cryptomonnaies existantes, et qui consomme incomparablement moins d'électricité, c'est ce qu'on appelle la « preuve de détention » (*proof of stake*). Ceux qui détiennent un nombre minimal de cryptomonnaies peuvent valider les transactions sans recourir à des calculs fastidieux et coûteux, on part du principe qu'ils feront correctement ce travail parce qu'ils sont partie prenante (s'ils agissent mal, la valeur des cryptomonnaies qu'ils détiennent s'effondrera). Ces mineurs touchent aussi une récompense (des tokens créés pour l'occasion, plus les frais de transaction), mais d'un montant faible étant donné qu'ils n'ont pas de facture d'électricité à régler. Ethereum, le numéro deux des cryptomonnaies, passe en 2021 de la preuve de travail à la preuve de détention et se mettra donc à consommer nettement moins. Mais ce passage n'est pas envisageable pour Bitcoin car ce procédé est considéré comme moins sûr, et il est inenvisageable qu'une nette majorité des mineurs décide de basculer sur la preuve de détention. La preuve de travail garantit une inaltérabilité absolue de la blockchain ; pour l'attaquer il faudrait réunir une puissance informatique équivalente, ce qui devient chaque jour plus impensable. Bitcoin ne s'en passera donc pas et cela concourt à sa valeur. La cryptomonnaie numéro un continuera donc à consommer beaucoup d'électricité.

Mais en cherchant l'électricité la moins chère, Bitcoin se tourne en grande partie vers les énergies renouvelables. Celles-ci n'étant pas « pilotables », contrairement au charbon, au gaz ou au nucléaire que l'on peut moduler ou couper, elles produisent par moments de l'électricité quand on n'en a pas besoin, et ça tombe bien, Bitcoin tourne 24 heures sur 24. Si des éoliennes, des panneaux solaires ou de la géothermie produisent de l'électricité, ou que les lacs de retenue des barrages hydroélectriques sont pleins, sans que le réseau électrique n'en ait d'utilité, les mineurs de Bitcoin seront là pour l'acheter, ils contribuent ainsi à rentabiliser ces modes de production. Ils favorisent en conséquence structurellement les énergies « vertes » et d'ailleurs, la majorité du minage se trouve en Chine près de barrages hydroélectriques. Des experts se sont livrés à des estimations : selon CoinShares, 73 % de l'énergie consommée pour le minage de Bitcoin est renouvelable, selon Cambridge University, c'est 60 % ; ce sont des taux très élevés. D'autre part, les solutions comme le *Lightning Network*, qui ne consomme quasiment rien, vont permettre d'augmenter le nombre de transactions sans capter plus de ressources énergétiques, la consommation d'électricité ne va donc pas progresser en proportion de l'usage de Bitcoin, pas d'inquiétude donc.

Et puis surtout, il faudrait comparer cette consommation avec ce qui est comparable : combien de térawattheures consomme le système bancaire dans sa partie paiement/virement ? Certainement plus que Bitcoin mais l'on ne dispose pas d'estimation. Bitcoin et sa blockchain permettent de substantielles économies par rapport aux systèmes centralisés qu'ils remplacent, il faudrait mettre les deux dans la balance, mais cela s'avère difficile à mesurer.

À un niveau plus économique, presque philosophique, il faut comprendre que rien de grand ne peut se faire sans énergie, sans travail, l'histoire humaine le montre. Il faut donc plutôt se soucier de produire toujours plus d'énergie de façon propre (la fusion nucléaire représente une opportunité extraordinaire), car les êtres humains en auront toujours plus besoin, notamment ceux qui vivent aujourd'hui dans la pauvreté. Étant donné les immenses services qu'il apporte, un bitcoin gratuit n'a tout simplement pas de sens.

Laissons le dernier mot à Satoshi Nakamoto qui s'exprimait sur ce sujet le 7 août 2010 sur le forum Bitcointalk : « Le minage de l'or est un gaspillage, mais ce gaspillage est bien moindre que l'utilité d'avoir de l'or comme moyen d'échange. Je pense qu'il en ira de même pour Bitcoin. L'utilité des échanges rendus possibles par Bitcoin sera bien supérieure au coût de l'électricité utilisée. Par conséquent, ne pas posséder de Bitcoin serait un gaspillage manifeste. » Il faut mettre en balance, comme toujours, la dépense en face de l'utilité, et le vrai gâchis serait de se priver de Bitcoin au prétexte qu'il consomme trop d'électricité. Bitcoin ne gaspille pas de la puissance de calcul, il en fait une utilisation efficiente.

Chapitre 4

Une histoire mouvementée

Revenons sur l'histoire de Bitcoin, son cours et sur les événements importants qui l'ont impacté.

2009, LE LANCEMENT

Satoshi Nakamoto réserve le nom de domaine bitcoin.org le 18 août 2008.

Il publie le document de présentation (*white paper*) le 31 octobre 2008, puis crée le premier bloc le 3 janvier 2009 avec une petite communauté de geeks. Au début, c'est simple, le bitcoin ne vaut rien.

Le 5 octobre est publié le premier taux de change bitcoin/dollar, il vaut environ 0,001 dollar américain, soit un dixième de centime…

2010, LA PREMIÈRE TRANSACTION

Le 17 mars ouvre Bitcoinmarket.com, la première plateforme d'échange entre dollar et bitcoin.

Le 22 mai a lieu la première transaction dans le monde réel : sur un forum, un développeur propose 10 000 bitcoins pour deux pizzas, le bitcoin vaut alors 0,003 dollar (soit 30 dollars pour les deux pizzas). Cet événement fondateur est devenu la « fête du bitcoin » et tous les ans, le 22 mai, est célébré le

« Bitcoin Pizza Day » où les adeptes de Bitcoin se réunissent autour de pizzas. C'est à cette époque que commencent à apparaître les premiers marchands acceptant les bitcoins.

2011, DÉBUT D'INTÉRÊT DES MÉDIAS, PREMIÈRE BULLE

Les premières cryptomonnaies se présentant comme des alternatives apparaissent avec Litecoin (une copie de Bitcoin) et Namecoin (gestion décentralisée des noms de domaine). Les deux existent encore, la première figure parmi les 15 premières cryptomonnaies par la capitalisation, la seconde a sombré dans les profondeurs du classement.

En février 2011, un bitcoin vaut 1 dollar. Survient, en juin 2011, la première bulle (30 dollars), quand quelques journaux américains sortent des articles, mais elle est suivie d'un krach lorsqu'une importante place de marché (MtGox) se fait hacker. Le cours tombe à son plus bas en décembre 2011, sous les 3 dollars, et les rares articles publiés à l'époque considèrent pour la plupart que Bitcoin n'a aucun avenir et va disparaître.

En mai 2011, Satoshi Nakamoto poste son dernier message sur le forum de discussion du projet, il s'en va, annonçant simplement être passé à autre chose. Il passe la main à Gavin Andresen en lui confiant la clé d'alerte (qui permet de publier une alerte à tous les « clients » bitcoin, c'est-à-dire les nœuds du réseau).

2012, NAISSANCE DE L'INTÉRÊT POUR LA BLOCKCHAIN

En octobre 2012, la Banque centrale européenne publie un premier rapport sur les « monnaies virtuelles », dont Bitcoin.

Le 28 novembre, la récompense de minage est divisée par deux (comme ce sera le cas tous les 4 ans) et passe de 50 à 25 bitcoins, c'est le premier *halving*.

Le 4 décembre, le mathématicien israélien Meni Rosenfeld publie un article de recherche sur les *colored coins*, un méta-protocole qui permet d'associer des actifs réels à des adresses Bitcoin. C'est le début de la blockchain comme champ d'expérimentation.

Tout au long de l'année, le cours monte progressivement pour passer en décembre la barre des 10 dollars.

2013, L'ANNÉE DU BITCOIN, DEUXIÈME BULLE

2013 est « l'année du Bitcoin » : il sort de l'anonymat, les grands médias de la planète se mettent à en parler. Le cours du bitcoin connaît une première progression importante avec un sommet à 287 euros le 9 avril 2013. C'est la crise chypriote qui provoque cet engouement : pour la première fois dans un pays moderne, les banques ponctionnent les comptes de leurs clients afin de se renflouer ! Le choc est énorme et des défenseurs de Bitcoin, repris par les médias, font remarquer qu'il est à l'abri d'une telle mésaventure puisqu'il ne circule pas dans le système bancaire. Mais le cours s'effondre rapidement, pour fluctuer autour de 80 à 100 euros jusqu'à la fin de l'été.

Le 2 octobre 2013, le site clandestin Silk Road est fermé par le FBI. Cette plateforme vendait toutes sortes de drogues en utilisant des bitcoins comme moyen de paiement. Cette nouvelle rassure les investisseurs et son cours entame une nouvelle progression. Il faut dire qu'à cette époque, Bitcoin est très souvent associé par la presse à des transactions frauduleuses (drogue, argent sale). Le fait que la fermeture de Silk Road ne provoque pas d'effondrement du cours démontre que ces trafics illicites étaient marginaux.

Puis le cours repart dans une fulgurante hausse lors du mois de novembre 2013, le chiffre symbolique des 1 000 dollars (800 euros) est franchi le 28 novembre, une bulle se crée. La Chine devient – et elle le demeure encore aujourd'hui – le principal pays pour le minage du bitcoin. Elle bénéficie en effet d'une électricité hydroélectrique peu coûteuse et d'une puissante industrie de composants informatiques qui fabrique les ASIC (*Application-specific Integrated circuit*) permettant de miner. L'attrait pour la spéculation et le goût pour la technologie font le reste. En décembre 2013, la Banque populaire de Chine met le holà et commence par interdire Bitcoin, avant de l'autoriser à nouveau quelques semaines plus tard, mais le cours décroche à 600 euros.

Le 6 décembre, Alan Greenspan, ancien président de la Fed (la banque centrale américaine), qui a été incapable de voir la bombe des *subprimes* qui a entraîné le monde entier dans la récession en 2008, qualifie le bitcoin de « bulle spéculative ». La défiance des banques centrales envers la monnaie numérique ne cessera plus.

2014, ACCEPTATION MESURÉE PAR LES AUTORITÉS

La faillite du site MtGox, la principale plateforme d'échange de bitcoins, en février 2014, crée désillusions et doutes par rapport à Bitcoin, des milliers de clients perdent des dizaines, des centaines, voire des milliers de bitcoins. Aujourd'hui, cette affaire n'est toujours pas tirée au clair (pertes des clés privées, hacker, vol en interne, etc.). La plateforme était mal gérée, notamment en ce qui concerne son image, et le résultat s'est avéré déplorable : le cours a baissé régulièrement durant l'année 2014 pour se stabiliser un peu au-dessus de 200 euros.

Le 13 mai est inaugurée « La Maison du Bitcoin » à Paris, le premier établissement « en dur » consacré à la cryptomonnaie (ce local n'existe plus aujourd'hui, il est devenu la société Coinhouse).

Les années 2013 et 2014 marquent une progressive acceptation légale du Bitcoin par les instances de régulation, mais toujours avec des réticences clairement exprimées : on veut dissuader le grand public d'y accéder tout en refusant de se priver des recettes fiscales potentielles…

2015, L'ANNÉE DE LA BLOCKCHAIN

2015 est « l'année de la blockchain ». En octobre, l'hebdomadaire *The Economist* fait sa une sur la blockchain (« *The Trust Machine* ») annonçant que « la technologie derrière le Bitcoin pourrait changer le monde ». La réputation du magazine, très lu dans les milieux économiques, permet alors à la blockchain de sortir des cercles geeks et lui donne une crédibilité quasi institutionnelle. Durant cette année, plusieurs grandes sociétés annoncent leur intérêt pour cette technologie (UBS, Orange, IBM, etc.). Le cours, lui, végète dans la zone des 200 euros.

Naissance du projet Ethereum porté par Vitalik Buterin qui se développera pour devenir la deuxième cryptomonnaie en matière de capitalisation. Ethereum propose une plateforme décentralisée facilitant la création de *smart contracts* et d'applications décentralisées (DApps).

2016, UNE PROGRESSIVE MONTÉE EN PUISSANCE

La hausse du cours s'amorce durant le dernier trimestre 2015 et l'année 2016 marque une progression régulière jusqu'à dépasser le chiffre symbolique des 1 000 dollars (950 euros) le 1er janvier 2017. Le 9 juillet 2016 a lieu le deuxième *halving*, c'est-à-dire la division par deux de la récompense des mineurs, qui passe de 25 à 12,5 bitcoins. Le cours atteint alors 590 euros. Le réseau commence à saturer, les développeurs et les mineurs réfléchissent à des mises à jour afin de résoudre ce problème.

2017, LA TROISIÈME BULLE

Bitcoin dépasse la valeur symbolique des 1 000 euros le 4 janvier. La Banque populaire de Chine intervient une nouvelle fois brutalement (après son intervention de décembre 2013) le 11 janvier avec un « rappel à l'ordre » aux plateformes chinoises de trading ; elle ne veut pas que Bitcoin permette le contrôle des changes, ce qui fait chuter le cours sous les 800 euros, qui repartira toutefois rapidement à la hausse. Autant la hausse de novembre 2013 était fulgurante et ne pouvait déboucher que sur une sévère correction, autant la hausse progressive du cours sur toute l'année 2016 indique que des forces pérennes sont à l'œuvre.

Un quadruplement du cours se produit de janvier à début septembre, passant de 1 000 à plus de 4 000 euros ! On peut interpréter cette forte progression comme l'implémentation réussie de SegWit (Segregated Witness), une amélioration du protocole afin d'augmenter le nombre de transactions. L'opération se déroule bien, la confiance dans le réseau se renforce et s'étend. Concomitamment, l'explosion du cours attire de nouveaux adeptes, de nouveaux acheteurs : le 2 novembre, la principale place de marché américaine, Coinbase, annonce 100 000 nouveaux clients en 24 heures. Mais l'implémentation de SegWit déplaît à un certain nombre de bitcoiners, très minoritaires, qui déclenchent au mois d'août un *hard fork* et créent donc une nouvelle cryptomonnaie, le Bitcoin Cash (BCH). Son cours tombe rapidement à un dixième de celui de Bitcoin et ne semble guère performer depuis.

Une autre modification importante était prévue pour le 16 novembre 2017. Dénommée SegWit2X, elle était soutenue par 80 % des mineurs, mais refusée par la majorité des développeurs. Jamais un conflit aussi tranché ne s'était produit dans la communauté Bitcoin. On allait tout droit vers un nouveau *hard fork* qui comportait en outre des menaces techniques significatives lorsqu'à la surprise générale, le 8 novembre, ses promoteurs décident d'abandonner cette mise à jour en expliquant dans un communiqué que « notre objectif a toujours été d'améliorer Bitcoin en douceur. Bien que nous croyions fermement à la nécessité de l'augmentation de la taille des blocs, il y a quelque chose que nous croyons encore plus important : garder la communauté unie. Malheureusement, il est clair que nous n'avons pas encore atteint un consensus suffisant pour une mise à niveau propre. Poursuivre dans la voie actuelle pourrait diviser la communauté et constituer un problème pour la croissance de Bitcoin. Ce n'a jamais été le but de SegWit2X. [...] Bitcoin reste la meilleure forme de monnaie jamais vue par l'humanité, et nous restons déterminés à protéger et à favoriser sa croissance dans le monde entier ». C'est une excellente nouvelle qui montre la maturité et l'intelligence de la communauté Bitcoin au sens large (utilisateurs, places de marché, développeurs, mineurs). Cette décision renforce l'optimisme pour son avenir.

Le 11 décembre sont lancés les premiers contrats à terme Bitcoin sur le CME (*Chicago Mercantile Exchange*) ; d'autres marchés boursiers ont annoncé des initiatives comparables. Ces annonces provoquent une forte hausse du cours durant les deux premières semaines du mois de décembre, où il dépasse les 16 000 euros, mais il corrige ensuite sérieusement en passant sous la barre des 11 000 euros, soit un krach de plus de 30 %, finalement assez habituel dans la vie tumultueuse qui est la sienne. Au final, sur l'année 2017, le bitcoin a vu son cours multiplié par 11, une performance exceptionnelle.

2018, PREMIÈRE ARRIVÉE DES INVESTISSEURS INSTITUTIONNELS, CHUTE DU COURS

La création de contrats à terme et d'ETF marque l'arrivée des investisseurs institutionnels dans les cryptomonnaies, de nombreux fonds sont créés dans le second semestre 2017. Les années 2017 et 2018 seront aussi marquées par le succès des ICO, nous allons y revenir plus loin.

À la mi-janvier, le cours du bitcoin connaît une sévère correction en tombant sous les 8 000 euros, soit une division par deux de son record atteint un mois plus tôt ! La volonté des autorités chinoises et coréennes d'interdire les achats anonymes sur les plateformes d'échange explique en grande partie ce mouvement de panique. On commence à s'habituer à la volatilité extrême de Bitcoin et des cryptomonnaies en général, il ne faut pas craindre les montagnes russes ! Le cours termine l'année sous les 4 000 euros.

2019, UNE ANNÉE DE TRANSITION ET DE CONSOLIDATION

Le cours se réveille un peu durant l'année pour évoluer au-dessus des 7 000 euros, après une tentative au-dessus de 12 000 euros en juin. Parmi les fonds qui s'étaient créés en 2017, beaucoup ont disparu face à l'atonie des cours, la véritable arrivée des institutionnels se fera en 2020. L'écosystème, en France et dans le monde, continue de se développer, le *Lightning Network* se déploie.

2020, DEUXIÈME ARRIVÉE DES INVESTISSEURS INSTITUTIONNELS, DÉCOLLAGE DU COURS

Il se passe beaucoup de choses en 2020 : l'émergence de la finance décentralisée, le début des NFT. Le troisième *halving*, qui a lieu le 11 mai, divise la récompense des mineurs de 12,5 à 6,25 bitcoins.

Le 12 mars, suite au krach boursier lié à la crise du Covid-19, le cours du bitcoin chute à 3 800 euros, avant de se redresser rapidement. L'or subit également un violent décrochage ponctuel. Cela s'explique simplement : la chute des cours boursiers entraîne chez les gérants des « appels de marge » (versement obligatoire et immédiat de fonds supplémentaires auprès de la chambre de compensation pour couvrir la dépréciation de leur position ouverte sur le marché), ils vendent ainsi dans la précipitation des actifs très liquides comme le Bitcoin ou l'or. Il n'y a rien d'inquiétant sur le fond quant à ces actifs.

Les investisseurs institutionnels reviennent en force, leurs dirigeants expliquent que la planche à billets de la banque centrale américaine leur fait craindre un retour de l'inflation et qu'en conséquence ils vont sur un actif anti-inflationniste. Le site BitcoinTreasuries.org recense ces investisseurs, que ce soit les sociétés cotées ou les fonds investis en bitcoins (« ETF like »). Les sociétés cotées sont obligées de communiquer lorsqu'elles investissent dans des cryptomonnaies, car celles-ci étant très volatiles, cela modifie leur profil de risque et elles doivent donc en informer leurs actionnaires, conformément à la réglementation. Les fonds investis en bitcoins, par définition, rendent cette information également publique. Par contre, les sociétés non cotées n'ont pas cette obligation, et il est évident qu'il en existe un grand nombre qui ont investi en cryptomonnaies sans l'avoir annoncé. Parmi les sociétés cotées, les américaines dominent largement en volume et trustent le podium avec MicroStrategy (91 326 bitcoins), Tesla (48 000 bitcoins), Square (8 027 bitcoins). Mais paradoxalement, sur les trente sociétés cotées recensées, les canadiennes sont les plus nombreuses (13), devant les américaines (11). Ensuite on note deux allemandes, une anglaise, une norvégienne, une hongkongaise, une australienne. Parmi les fonds investis en bitcoins (« ETF like »), on retrouve en première place, loin devant les autres, le fameux fonds Grayscale (654 885 bitcoins ! Largement numéro un mondial, donc), suivi du suédois CoinShares/XBT Provider (69 730 bitcoins), et de l'anglais Ruffer Investment Company (45 000 bitcoins). La répartition géographique est plus équilibrée que pour les sociétés puisque l'on note cinq américains, cinq canadiens, trois suisses, un suédois, un allemand, un anglais, un brésilien.

Globalement, on constate que ce mouvement des institutionnels vers Bitcoin vient d'abord de l'Amérique du Nord, mais qu'il est déjà suivi par plusieurs autres pays en Europe et en Asie. Au sein de l'Europe, la Suisse confirme sa prééminence, elle qui héberge déjà de nombreux projets (Ethereum, Tezos, etc.). Ce mouvement mondial vers Bitcoin s'avère très encourageant pour l'avenir, les sommes en jeu sont gigantesques. Les investisseurs institutionnels mettent plus de temps à se décider que les particuliers, mais ils sont bien plus stables et ils visent le long terme. En conséquence, très peu céderont à des ventes paniques si le cours se replie brutalement, alors que ce phénomène a été très répandu après le pic de décembre 2017, largement initié par les particuliers. La croissance et la stabilité du cours du Bitcoin devraient y gagner.

Le 11 novembre, PayPal annonce l'ouverture d'un service d'achat et de vente de bitcoins, pour ses clients américains dans un premier temps, avant de le proposer dans le monde entier. Cette très bonne nouvelle, qui annonce une démocratisation renforcée du Bitcoin, ainsi que les achats d'institutionnels et les craintes d'un retour de l'inflation, propulsent le cours à des niveaux jamais atteints. La rareté des bitcoins créés (divisée par deux depuis le *halving* du 11 mai) restreint l'offre et dans le même temps, tout se met en place pour une forte hausse. Le 1er décembre, le pic de décembre 2017 (20 000 dollars) est dépassé ! Le 25 décembre, la barre symbolique des 20 000 euros est franchie.

2021, CONFIRMATION DE LA HAUSSE DU COURS

La hausse des cours se poursuit en ce début d'année. Le 2 janvier, la barre symbolique des 30 000 dollars est passée. Un formidable coup d'accélérateur va être donné le 8 février lorsque Elon Musk annonce que Tesla a investi 1,5 milliard de dollars de sa trésorerie en bitcoins et que l'on pourra payer son véhicule en cryptomonnaie. Ce grand patron mondialement connu comme l'un des plus grands innovateurs de notre époque (fondateur de Paypal, il crée SpaceX, Tesla et Hyperloop) confère d'un coup une reconnaissance incontournable à Bitcoin. Le 16 février, la barre des 50 000 dollars est franchie, le 20 février, 1 bitcoin = 1 lingot d'or d'un kilo. En euros, la barre des 40 000 est passée le 12 février, celle des 50 000 le 13 mars. Mais ce patron fantasque revient en mai sur sa décision de pouvoir acheter sa Tesla en bitcoins, lui reprochant son minage trop polluant, ce qui fait chuter son cours, c'est la douche froide pour certains.

Satoshi Nakamoto a disparu sans laisser de trace, évitant par là que ses déclarations puissent influer sur le cours du Bitcoin : sans son fondateur, il ne dépend que de son algorithme, de sa communauté, de ses utilisateurs, et c'est tant mieux. Mais certains peuvent aussi voir les choses d'un autre point de vue : il y a une place à prendre. C'est peut-être le pari que fait Elon Musk. Il existe certainement une volonté, sinon de contrôle, du moins de forte influence, mais nous pouvons prévoir qu'elle échouera : personne ne peut mettre la main sur Bitcoin, pas même l'homme le plus riche du monde et le plus charismatique dans le domaine de la technologie. Voyons cela comme une nouvelle épreuve, une de plus, qui renforcera le Bitcoin : après les déclarations répétées d'interdiction de la Chine, après la faillite de MtGox en février 2014 (la première plateforme à l'époque), après le *fork* d'août 2017 qui voit la naissance du Bitcoin Cash, etc., le Bitcoin a souffert sur le moment, mais il s'est relevé et a continué sa progression. Elon Musk constitue simplement une épreuve de plus, et comme le dit Friedrich Nietzsche : « Tout ce qui ne me tue pas me rend plus fort. »

Le 9 juin, le Salvador devient la première nation au monde à instaurer le Bitcoin comme monnaie légale, à côté du dollar américain, l'autre monnaie légale (le pays n'a pas de devise propre).

Chapitre 5

Les principales catégories de cryptomonnaies

On compte aujourd'hui plus de 6 500 cryptomonnaies selon le site de référence CoinGecko.com. Pourquoi autant ? D'abord parce qu'il est très facile d'en créer, n'importe quel informaticien compétent peut le faire. Ensuite, parce que ce secteur est complètement libre, il n'y a aucune autorisation à demander puisque nous sommes dans le domaine de l'open source, du logiciel libre, et que n'importe qui peut copier le code d'une cryptomonnaie existante, modifier quelques paramètres et se lancer. Finalement, il faut convaincre des utilisateurs, des mineurs, et cela est une autre paire de manches, les plus gros raflent l'essentiel, même si la 100e cryptomonnaie pèse environ un milliard d'euros de capitalisation, ce qui n'est pas négligeable (la millième moins d'un million, soit pas grand-chose).

Un indicateur à suivre est la part que représente le bitcoin par rapport à l'ensemble des cryptomonnaies existantes, ce qu'on appelle la *Bitcoin Dominance* (tapez ce terme sur Google pour voir les graphiques le représentant). Il évolue entre environ 75 % (le BTC pèse les trois quarts du total des cryptomonnaies) et 50 % lorsque les Altcoins (les cryptomonnaies autres que Bitcoin) connaissent une embellie. Cette baisse relative du poids de Bitcoin à 50 % s'est vue à la mi-2017, la précédente période de forte hausse, et on retrouve ce chiffre en avril 2021. En période de repli des cours, les investisseurs se concentrent sur Bitcoin, et en période de croissance, de nombreuses opportunités apparaissent. Passons en revue les principales catégories de cryptomonnaies.

Les 20 principales cryptomonnaies*

Rang	Cryptomonnaie	Catégorie	Capitalisation (milliards d'euros)
1	Bitcoin (BTC)	Transaction	510,1
2	Ethereum (ETC)	Blockchain	240,2
3	Tether (USDT)	Stablecoin	51,8
4	Binance Coin (BNB)	Blockchain + Spécifique	44,7
5	Cardano (ADA)	Blockchain	40,3
6	Dogecoin (DOGE)	Spécifique	35,0
7	Ripple (XRP)	Transaction	32,7
8	USD Coin (USDC)	Stablecoin	19,1
9	Polkadot (DOT)	Blockchain	17,5
10	Uniswap (UNI)	DeFi	9,9
11	Internet Computer (ICP)	Spécifique	9,1
12	Bitcoin Cash (BCH)	Transaction	9,0
13	Litecoin (LTC)	Transaction	8,6
14	Chainlink (LINK)	Blockchain	8,5
15	Solana (SOL)	Blockchain	8,0
16	Binance USD (BUSD)	Stablecoin	7,9
17	Polygon (MATIC)	Blockchain	7,4
18	Theta Network (THETA)	Spécifique	7,2
19	Stellar (XLM)	Transaction	6,4
20	VeChain (VET)	Spécifique	5,9

*Au 8 juin 2021. Ce classement évolue rapidement ; consultez régulièrement coingecko.com ou coinmarketcap.com, les deux sites de référence.

Les cryptomonnaies de transaction

Suite à l'émergence et au succès de Bitcoin (BTC), d'autres projets ont voulu s'engouffrer sur le créneau des cryptomonnaies de transaction et de réserve de valeur, en proposant, ou en prétendant proposer mieux. En effet, Bitcoin souffre de plusieurs limitations : pas plus de 7 transactions par seconde, nécessité d'attendre 10 minutes (le temps de validation des blocs) pour certifier une transaction, hausse des coûts de transaction lorsque le réseau est engorgé. Nous avons vu que ces problèmes sont en train d'être résolus, notamment avec *Lightning Network*, mais la concurrence ne baisse pas les bras.

Le plus ancien concurrent est Litecoin (LTC), créé en 2011, deux ans seulement après Bitcoin, et longtemps son dauphin. Durant plusieurs années, il se disait que « Bitcoin c'est l'or, Litecoin l'argent », mais cette formule relève surtout de l'auto-persuasion. Elle est utilisée dans des transactions, mais incomparablement moins que Bitcoin, elle n'est plus numéro deux depuis longtemps, elle perd des places dans le classement des cryptomonnaies, il est donc difficile de lui entrevoir un avenir radieux.

Longtemps troisième, et même deuxième devant Ethereum début 2019, Ripple (XRP) glisse dans le classement des cryptomonnaies. Spécialisé dans les virements et les paiements transfrontaliers, Ripple s'adresse uniquement aux banques. Des partenariats sont signés, l'entreprise se développe, mais la baisse du cours s'explique notamment par le fait que les fondateurs détiennent une grande quantité des XRP créés et qu'ils en remettent régulièrement sur le marché, pesant à la baisse sur le cours. Les détenteurs s'en plaignent mais rien ne change. Dernièrement, Ripple a eu des problèmes avec la SEC, l'autorité de régulation américaine de la Bourse, ce qui a affecté son cours.

Stellar (XLM) est un concurrent de Ripple, fondé par un ancien de la société. Spécialisé comme lui sur le paiement, Stellar défend un système ouvert à tous quand Ripple fait du B to B et sélectionne ses partenaires.

Bitcoin Cash (BCH), nous en avons parlé (chapitre 3, « Non, les *forks* n'ont pas affaibli Bitcoin »), est né d'un *hard fork* de Bitcoin à l'été 2017. Ses promoteurs ont accru la taille des blocs afin d'accepter plus de transactions, mais il n'est pas utilisé à grande échelle ; après avoir prétendu détrôner Bitcoin, c'est la déconvenue. À son tour, Bitcoin Cash a subi un *fork* en octobre 2018 qui donna naissance au Bitcoin SV (BSV). Les deux perdent des places, leur avenir s'assombrit.

Les cryptomonnaies blockchain ou infrastructure

Ethereum (ETH) est l'autre grande cryptomonnaie (Ethereum est le protocole et l'ether est le token). Pour comprendre sa spécificité, il faut indiquer que Bitcoin a d'abord été lancé (en 2009) comme monnaie numérique, puis on a découvert l'intérêt que représentait la blockchain en tant que telle, tandis qu'Ethereum a fait l'inverse : il s'est lancé (en 2015) en mettant en avant sa blockchain, sans chercher à faire de l'ether une cryptomonnaie acceptée par les commerçants. Sa blockchain est plus facile à programmer que celle de Bitcoin, elle offre plus de fonctionnalités, d'où son succès.

Comme l'explique son jeune fondateur, le Russo-Canadien Vitalik Buterin, Ethereum n'a pas pour objectif de concurrencer frontalement Bitcoin, il s'agit plutôt de deux utilisations différentes et complémentaires de la blockchain : « La blockchain Bitcoin a été conçue spécifiquement pour les devises alors qu'Ethereum permet de créer tout type d'application. » Il veut faire d'Ethereum la « colonne vertébrale » d'une multitude de « cyberentreprises autonomes décentralisées » nécessitant très peu de maintenance et de main-d'œuvre : « Les règles de fonctionnement d'une société commerciale, depuis les apports en capital des actionnaires jusqu'au planning du personnel, pourront être transcrites en algorithmes et incluses dans la blockchain. Tout sera géré et enregistré de façon automatique, fiable et transparente[1]. »

Cette cryptomonnaie très prometteuse et très ambitieuse connaît un sérieux bug en mai 2016 : une DAO (organisation décentralisée autonome), nommée « TheDAO », est créée afin de financer des projets. Le succès est au rendez-vous puisque 15 % de la totalité des ethers existants y souscrivent (160 millions de dollars à l'époque). Malheureusement, un hacker parvient à détourner un tiers de la somme collectée. La communauté Ethereum se pose la question de savoir s'il faut « remonter en arrière » la blockchain afin d'annuler le vol pour récupérer la totalité des ethers, ou ne rien faire et accepter cette perte. Nous sommes ici au cœur de la « logique blockchain » : si l'on peut passer le film à l'envers et annuler une transaction particulière (ici le vol), quelle crédibilité lui accorder ? Qui dit que cette opération ne sera pas renouvelée pour telle ou telle autre raison ? Cependant, la décision d'une opération de réversibilité est prise et 85 % de la puissance de calcul est mise en œuvre pour « effacer » ce vol. Toutefois, 15 % des mineurs refusent cette décision et font scission (ils font un *fork*) et lancent « l'ether classique » (ETC). On voit ici qu'Ethereum est en réalité beaucoup plus centralisé que Bitcoin, il dépend de décisions prises par l'équipe fondatrice, ce qui peut permettre plus de souplesse d'adaptation, mais est également source de fragilité.

---

1. « L'ether, la future monnaie qui vaut déjà des millions », *Le Monde*, 7 octobre 2014.

Bitcoin, lui, n'a jamais connu une telle reprogrammation de sa blockchain, elle est tout à fait inconcevable quand on connaît un peu sa communauté, ce qui lui confère une indiscutable intégrité. Quoi qu'il en soit, l'Ethereum poursuit sa route avec succès puisque tout un écosystème se développe autour de lui, ses promoteurs le qualifient « d'ordinateur mondial », n'importe qui peut le programmer et l'utiliser comme il le souhaite pour réaliser toutes les opérations imaginables. Cette image montre à elle seule l'ambition du projet. La société Ethereum et son fondateur résident à Zoug en Suisse, le pays le plus ouvert à cette nouvelle technologie.

Après deux ans de retard, l'année 2021 verra normalement une évolution importante d'Ethereum : le passage de la *proof of work* (preuve de travail) à la *proof of stake* (preuve d'enjeu). Actuellement, comme pour Bitcoin, le minage (la validation des transactions) se fait par une « preuve de travail », des calculs très complexes effectués par des ordinateurs, ce qui consomme beaucoup d'électricité et limite le nombre de transactions par seconde, des reproches récurrents fait à Bitcoin. Avec la preuve d'enjeu, il est demandé au mineur de prouver la possession d'une certaine quantité de cryptomonnaie (qui mesure sa participation, son intérêt envers elle) pour pouvoir valider des blocs supplémentaires et toucher la récompense. Cette méthode est considérée comme moins sûre que la preuve de travail, mais la plupart des cryptomonnaies l'adoptent, notamment tous les concurrents de l'Ethereum. Autre élément significatif qui apparaîtra avec cette mise à jour : la diminution de la récompense offerte aux mineurs. Ethereum ne connaît pas de limitation de son nombre de tokens, comme Bitcoin à 21 millions, mais à l'avenir, la création d'ethers devrait très peu progresser.

Leader incontesté, Ethereum fait face à de nombreux concurrents qui s'engouffrent dans les potentialités insoupçonnables de la blockchain.

L'un des plus anciens est EOS (EOS), qui bénéficie de moyens importants puisqu'il a levé 4 milliards de dollars lors de son ICO (voir chapitre 7). Beaucoup affirment que la société a levé bien plus d'argent qu'il n'en faut et que cela s'apparente surtout à une opération financière. En outre, une telle somme peut servir à soutenir artificiellement le cours. Finalement, cette blockchain s'avère assez peu utilisée, après avoir atteint la quatrième place du classement des cryptomonnaies, EOS a désormais quitté le top 20…

NEO (NEO) est considéré comme « l'Ethereum chinois », il bénéficie en tout cas de la bienveillance du pouvoir de Pékin. La géopolitique est un facteur déterminant ici : la Chine, dont les ambitions ne sont plus à démontrer, ne veut pas se contenter d'être spectateur dans la révolution blockchain qui s'annonce, avoir un acteur important sur son sol est essentiel pour elle. Cependant le succès se fait attendre et, après avoir longtemps fait partie du top 10 des plus importantes cryptomonnaies, NEO ne figure même plus dans le top 30.

Cardano (ADA), lui, est considéré comme « l'Ethereum japonais ». L'archipel, lui aussi, veut sa place dans ce domaine très prometteur. Cardano a pour particularité de se concentrer sur l'exactitude et la vérification mathématique formelle du code, de façon à éviter les failles de programmation. Toutes les étapes sont revues et critiquées par des pairs (chercheurs, développeurs) pour s'assurer de la fiabilité du projet. Dans la même logique, Cardano opère une séparation en deux couches distinctes entre des DApps (applications décentralisées ou ensemble de *smart contracts*) et le paiement. Par exemple, une DApps de gestion de la paye n'effectuera pas directement les versements, il y aura un « filtre » entre les deux (une *sidechain*), de façon à limiter au maximum les failles et les possibilités pour les hackers de voler l'argent. Cardano permet l'interopérabilité entre blockchains, ce qui constitue un vrai avantage comparatif : en effet, avec la multiplication des blockchains, la capacité de les faire communiquer entre elles devient déterminante.

Polkadot (DOT) s'est justement spécialisé dans l'interopérabilité entre blockchains, il permet de créer un Internet où des blockchains indépendantes (publiques et privées) peuvent échanger des informations de façon sécurisée. Par exemple, la blockchain privée d'une école contenant les dossiers scolaires des élèves pourrait communiquer des preuves d'obtention de diplômes avec une blockchain publique. Polkadot bénéficie d'un parrainage prestigieux, celui de la *Web3 Foundation*, une organisation basée en Suisse et fondée en 2017 par Gavin Wood, un des cofondateurs d'Ethereum.

Il existe de nombreux autres projets qui cherchent à concurrencer Ethereum, comme Solana (SOL), Lisk (LSK), Ark (ARK), ICON (ICX), QTUM (QTUM), ou Tezos (XTZ), lancé par le Français installé en Suisse Arthur Breitman. Beaucoup essayent, tous affichent de grandes ambitions mais peu réussiront… Rappelons la formule de Linus Torvalds, le créateur de Linux : « *Talk is cheap. Show me the code.* » (« Parler ne coûte pas cher. Montre-moi le code. »)

Un nouveau venu bouscule cependant quelque peu Ethereum et a été lancé en septembre 2020 par Binance, la première plateforme d'échange du monde. Il s'agit de la « Binance Smart Chain ». Celle-ci reprend le fonctionnement de la blockchain Ethereum, elle est compatible avec ses applications, et surtout elle bénéficie de frais de transaction nettement inférieurs. Le cours du token de Binance (le BNB) rencontre le succès, il fait désormais partie du top 5 ! Cependant, le prochain passage d'Ethereum de la « preuve de travail » à la « preuve de détention » devrait lui permettre de baisser ses frais de transaction et de retrouver un leadership incontesté.

Ethereum ne suscite pas que des concurrents, il contribue aussi à développer un écosystème. Ainsi, par exemple, Chainlink (LINK) est positionné sur un créneau bien précis dont il est l'initiateur et le leader : la fourniture d'informations aux *smart contracts*. Ceux-ci, pour s'activer, doivent recueillir des informations qui viennent de l'extérieur de la blockchain (retard d'avion, changement de propriété d'un actif, passage de frontière d'un container, etc.), et c'est précisément la fonction de Chainlink d'apporter cette information, de jouer le rôle de « l'oracle » comme on dit en langage blockchain. Cette information est payée sous la forme de LINK, en conséquence, plus le service est utilisé, plus le cours de ce token monte. Chainlink s'impose parmi les cryptomonnaies les plus importantes. Citons également Polygon (MATIC) qui vise à améliorer les performances de la blockchain Ethereum et qui, pour cela, crée une blockchain secondaire afin de dévier une partie des transactions. Polygon permet ainsi de limiter la congestion du réseau Ethereum, ainsi que ses frais.

Les stablecoins

Un stablecoin est une cryptomonnaie qui réplique une monnaie fiduciaire, le plus souvent le dollar (1 token = 1 dollar). Le stablecoin a été créé pour permettre de se protéger contre la volatilité de Bitcoin et des cryptomonnaies. Les premiers et les principaux utilisateurs sont les traders : quand le bitcoin baisse, ils peuvent se replier sur le stablecoin, en attendant une nouvelle hausse, et le raisonnement vaut bien sûr pour toutes les cryptomonnaies. Ils peuvent ainsi faire des allers et retours plusieurs fois par jour, alors que vendre ses bitcoins pour récupérer des euros sur un compte bancaire prend plus de temps et génère des frais plus élevés que de simplement passer d'une cryptomonnaie à l'autre.

Un stablecoin est garanti par une réserve d'un montant égal de monnaie fiduciaire (sauf exception, nous le verrons). Si l'équivalent d'un milliard de dollars de stablecoins est en circulation, la réserve doit contenir un milliard de dollars. C'est une question de confiance absolument cruciale, mais nous allons voir que cela pose problème pour le premier d'entre eux. Les stablecoins connaissant une croissance importante : d'un montant total de l'ordre de 5 milliards de dollars en mars 2020, ils dépassent les 55 milliards en mars 2021.

Le premier d'entre eux, Tether (USDT) a fait son entrée dans le top 5, et s'il est loin de Bitcoin pour la capitalisation, en volume de transactions il le dépasse souvent, preuve de son utilité. Tether (USDT) est le leader incontesté des stablecoins, mais il souffre d'un manque de transparence. On a appris en 2017 *via* le scandale des *Paradise Papers* (des documents confidentiels décortiqués par la presse) que Tether et la plateforme Bitfinex font partie d'une même structure, la « Tether Holdings Limited », domiciliée dans les îles Vierges britanniques, alors qu'elles se prétendaient jusqu'alors indépendantes l'une de l'autre (Bitfinex a été la première plateforme à intégrer Tether). Par ailleurs, Tether est sous le coup d'une enquête du procureur général de New York pour une fraude de 900 millions de dollars. Une affaire qui remonte à 2018 et qui concerne un prêt que la plateforme Bitfinex a contracté auprès de Tether suite à une perte de 850 millions de dollars due au départ de plusieurs centaines de ses clients. Et Tether a puisé dans sa réserve, celle qui garantit son token, ce qui est formellement interdit. Depuis, la situation est revenue à la normale selon la société, mais sans qu'aucune preuve formelle ne soit apportée.

En deuxième position des stablecoins vient l'USD Coin (USDC), qui grignote des parts de marché au leader. L'USDC a vu le jour en 2018, avec deux parrains très prestigieux,

Coinbase, la première plateforme d'échange américaine, et Circle, une application de paiement leader aux États-Unis. D'autre part, sa « réserve » est auditée par une structure extérieure, ce qui offre une garantie de transparence qui manque à Tether. La plateforme Binance a lancé le sien, le Binance USD (BUSD), en troisième position.

Vient ensuite le DAI, un stablecoin décentralisé, et avouons-le, un petit prodige de la nouvelle finance que permettent les cryptomonnaies. Explication : un stablecoin est centralisé par construction ; il faut bien qu'une même société émette les tokens et détienne la réserve équivalente en dollars sur un compte bancaire. Cette centralisation met les utilisateurs du stablecoin à la merci de cette société qui peut décider de changer les règles du jeu, d'émettre ou non de nouveaux tokens, de tricher sur le montant de sa réserve, et ainsi d'affecter la confiance dans son token.

La société MakerDAO a créé en 2017 un stablecoin décentralisé et sans réserve en dollars, le DAI (1 DAI = 1 dollar). Comment fonctionne-t-il ? En fait, la « réserve » (on parle plutôt de collatéral) est ici constituée d'ethers (ETH) apportés par les utilisateurs, en fonction du cours de l'ether par rapport au dollar. Et pour prendre une sécurité, le taux de couverture est de 150 % (si l'ether baisse par rapport au dollar, les DAI sont toujours garantis par une valeur au moins équivalente en dollars). C'est donc le cours ether/dollar qui sert de référence, la réserve étant en ethers. Ou plus exactement *les* réserves puisque chacune est apportée par les utilisateurs dans un *smart contract*, et non centralisée dans un compte unique. L'utilisateur dont nous parlons ici fait cela pour toucher des commissions ou spéculer sur le cours de l'ether, mais le client de base se contentera d'acquérir du DAI sans voir toute cette tuyauterie. Ce fonctionnement décentralisé et transparent séduit et le DAI connaît un succès croissant.

D'autres stablecoins du dollar existent comme le Paxos Standard (PAX), le TrueUSD (TUSD), le terraUSD (UST) géré par l'écosystème Terra (LUNA). Il existe aussi des stablecoins sur l'euro avec le Stasis Euro (EURS) et sEUR de la plateforme Synthetix, mais ils sont d'une taille ridicule (moins de 100 millions d'euros à eux deux). Signalons aussi le projet EUR-L de la société Lugh. Ces stablecoins sont minuscules parce qu'ils ne sont pas cotés sur les grandes plateformes d'échange comme Binance, Coinbase ou Kraken. Dans cette technologie comme dans d'autres, l'Europe prend du retard sur les États-Unis, c'est regrettable. Les discours très négatifs des autorités monétaires, notamment celui de la Banque centrale européenne, n'aident pas... En attendant, le spéculateur européen devra continuer à utiliser les stablecoins du dollar, ce qui l'expose au taux de change euro/dollar, un risque que ne connaît pas le spéculateur américain.

On dit, à raison, que Bitcoin est de « l'or numérique », mais la comparaison s'arrête là, on ne compte pas de stablecoin important sur l'or. Citons le Digix GoldToken (DGX), à vrai dire encore minuscule, et le Tether Gold (XAUT), lancé en novembre 2019 par Tether, mais qui ne fait même pas partie des 100 premières cryptomonnaies.

Les stablecoins participent à la démocratisation des cryptomonnaies, notamment dans certains pays émergents. Ainsi, en Argentine, pays rongé par l'inflation (36 % en 2020) et qui impose un strict contrôle des changes (limitation d'achat de monnaie étrangère à 200 dollars par mois), les stablecoins sont de plus en plus utilisés dans la vie courante, comme substitut au dollar papier (Ripio, une plateforme locale, a multiplié par huit le volume de transactions entre le premier et le second trimestre 2020).

Les cryptomonnaies anonymes

Nous l'avons vu, Bitcoin n'est pas anonyme mais plutôt « pseudonyme », car la base de données des transactions (la blockchain) est publique. Les transactions ne sont pas complètement traçables et transparentes comme dans le système bancaire, car on ne sait pas qui se trouve derrière les numéros de compte, et un utilisateur peut créer plusieurs comptes et effectuer des virements entre eux de façon à « noyer le poisson ». Cependant, dès que l'on entre ou que l'on sort du réseau Bitcoin, on passe par le système bancaire, *via* des virements SEPA, on s'inscrit sur une plateforme d'échange comme Coinbase ou Kraken en donnant son identité, et à ce moment-là, on est identifié et tracé. Ensuite, à partir du moment où l'on a pu relier une personne physique à une adresse Bitcoin, on peut remonter dans le passé et retrouver toutes ses transactions très facilement dans la blockchain. D'ailleurs, des sociétés se sont spécialisées sur ce créneau (comme l'américaine Chainalysis), consistant à suivre les transactions sur le réseau Bitcoin et les cryptomonnaies afin de détecter le blanchiment d'argent. Elles ont pour principaux clients les agences nationales et internationales de lutte contre l'argent sale (comme Tracfin en France).

Alors pourquoi créer des cryptomonnaies anonymes ? Uniquement pour vendre de la drogue et des armes ? Non, le problème est plus général et il était exprimé dès 1993 dans le *Manifeste Cypherpunk* écrit par Eric Hughes : « La protection de la vie privée dans une société ouverte exige des systèmes de transactions anonymes. Jusqu'à présent, l'argent liquide était le principal système de ce type. Un système de transactions anonymes n'est pas un système de transactions secrètes. Un système anonyme permet aux individus de révéler leur identité quand ils le désirent et seulement quand ils le désirent ; c'est l'essence même de la vie privée. » Et puis il faut penser aux régimes non démocratiques, qui sont majoritaires sur la planète : le militant de la liberté, ou celui qui est dans le collimateur du régime, doit pouvoir effectuer des transactions sans se faire repérer par la police politique, c'est pour lui une question de vie ou de mort, ou de liberté.

Comment fonctionnent les cryptomonnaies anonymes ? La difficulté de base consiste à rendre la blockchain « illisible mais pas trop » : illisible pour l'observateur extérieur qui voudrait savoir ce qui se passe, mais pas complètement illisible puisqu'il faut bien savoir qui envoie de l'argent à qui. La solution consiste à passer les transactions « à la moulinette », ou plus exactement dans un *mixer* (mixeur en français) qui va mélanger plusieurs transactions et plusieurs adresses de façon à rendre la blockchain illisible de l'extérieur, mais encore lisible de l'intérieur, c'est-à-dire pour le *mixer* qui, lui, doit correctement tracer les différentes transactions. Pour prendre une image, c'est la technique du joueur de bonneteau : les spectateurs ne doivent pas voir quelle est la bonne carte, mais le charlatan, lui, doit savoir exactement ce qu'il fait.

La première cryptomonnaie anonyme est le Monero (XMR), créé en 2012. Monero mélange la signature de l'émetteur avec d'autres signatures de transactions passées, l'adresse du destinataire subit un traitement identique, et le montant est également caché. Sont venus ensuite Zcash (ZEC), Dash (DASH), Verge (XVG), Komodo (KMD), etc.

Cette technique consistant à mélanger les transactions et les comptes de façon à les rendre opaques, peut aussi fonctionner pour anonymiser les cryptomonnaies classiques comme Bitcoin. Le portefeuille Wasabi intègre ainsi un *mixer* (CoinJoin, qui consiste à ce que plusieurs participants signent un accord pour mélanger leurs bitcoins, ce qui rend très difficile l'identification d'une transaction en particulier). Mais ces services sont soumis à une forte pression des régulateurs. Ainsi

Europol (agence européenne de police criminelle) a fait fermer une application équivalente, BestMixer, et Bitcoin Blender s'est sabordé pour éviter une pareille mise en demeure.

Globalement la pression réglementaire se renforce. L'IRS (*Internal Revenue Service*), aux États-Unis, a récemment offert une récompense de 625 000 dollars à toutes les personnes capables de cracker le code de Monero, et Chainalysis ainsi qu'Integra FEC auraient remporté la prime (rien n'est officiellement annoncé, laissons ces cryptomonnaies perdurer, cela permettra d'identifier leurs utilisateurs, doivent se dire les régulateurs…). Par ailleurs, Coinbase et Chainalysis ont affirmé être en capacité de tracer les transactions de Zcash et de Dash. De son côté, la Corée du Sud a décidé d'interdire aux prestataires locaux de proposer ces cryptomonnaies anonymes depuis mars 2021. Face à ce durcissement réglementaire, Dash a annoncé en octobre 2020 que la confidentialité n'était plus qu'une option, librement activable par l'utilisateur, mais non automatique. Verrons-nous bientôt la disparition des cryptomonnaies anonymes ? C'est bien possible et déjà on note qu'elles refluent dans le classement des cryptomonnaies, Monero a quitté le top 20, et elles semblent de moins en moins utilisées.

Les cryptomonnaies à usage spécifique

On trouve ensuite une multitude de cryptomonnaies qui sont dédiées à un usage spécifique, en exploitant les potentialités de la blockchain. Citons-en quelques-unes, par ordre alphabétique.

Augur (REP) : on connaît les bookmakers anglais qui permettent de parier sur tout et n'importe quoi. Augur recrée cela sur la blockchain, à savoir un marché de prédiction décentralisé. On peut parier sur les événements listés, on peut acheter et vendre des parts de probabilités (et si la cote s'est modifiée, on réalise un profit), et on peut aussi créer son propre pari (il faut apporter de la liquidité, mais on touche des commissions s'il est souscrit).

Basic Attention Token (BAT) : ce token est réservé aux utilisateurs du navigateur Internet Brave, qui s'attache à défendre la vie privée. Une fois Brave téléchargé, vous choisissez le type de publicité que vous voulez voir, et vous êtes pour cela récompensé en BAT (pour l'attention que vous leur consacrez). Vous pouvez aussi reverser ces BAT aux producteurs de contenu que vous voulez soutenir. L'écosystème Brave s'étend avec l'acquisition, début 2021, du moteur de recherche Tailcat afin d'offrir une alternative à Google, rien de moins. Le nombre d'adeptes augmente (25 millions d'utilisateurs début 2021), Brave se fait une place entre Chrome, Explorer ou Firefox, et plus il progressera, plus le cours du BAT grimpera.

Binance Coin (BNB) : nous avons déjà parlé de Binance, la première plateforme d'échange au monde. Pour ses utilisateurs les plus fréquents (les traders) elle a créé un token spécifique, le BNB, qui leur donne droit à une remise s'ils payent leurs frais de transaction avec. Depuis, la plateforme a lancé la Binance Smart Chain qui concurrence directement Ethereum, ce qui a accru l'utilisation du BNB. Résultat, il fait maintenant partie du top 5.

Golem (GNT) : il s'agit de créer un superordinateur décentralisé. Les entreprises qui ont de la puissance de calcul en excédent peuvent la louer à celles qui en ont besoin. Tout passe par la blockchain et le token GNT sert de monnaie d'échange. De nombreux secteurs ont besoin d'une forte puissance de calcul pour une période donnée (par exemple, une société d'effets spéciaux pour le cinéma, des centres de recherche, l'intelligence artificielle, etc.) sans qu'il soit rentable pour eux d'acquérir un supercalculateur. Golem apparaît comme la solution adéquate. À l'inverse, les entreprises qui n'utilisent pas à plein les capacités de calcul de leurs installations informatiques peuvent trouver un moyen de les monétiser. Golem est un peu le « Airbnb des ordinateurs » ! Siacoin (SC) ou le Français iExec (RLC) font la même chose pour le stockage informatique (du « cloud » décentralisé).

Internet Computer (ICP) : Internet Computer veut créer un web 3.0 sans passer par les intermédiaires aujourd'hui incontournables de la « *big tech* » que sont notamment les GAFA. La blockchain Internet Computer fonctionnerait comme une sorte de gigantesque *cloud* unique qui permettrait la création d'applications de façon illimitée grâce aux *smart contracts*, un Internet décentralisé, à l'abri des censeurs que sont devenus les GAFA. Un projet révolutionnaire qui fait penser à Theta Network (voir ci-après) : deux jours après sa création (le 12 mai 2021), ICP intègre directement le top 10, une performance aussi rare qu'exceptionnelle. Il faudra voir si les réalisations sont à la hauteur des espérances.

IOTA (MIOTA) : nous sommes ici dans l'Internet des objets (votre Smartphone déverrouille la porte d'entrée d'un appartement mis en location sur Airbnb, votre frigo passe commande de ce qui manque, etc.). IOTA a l'ambition de coordonner les objets communiquant entre eux.

Theta Network (THETA) : un réseau de diffusion vidéo décentralisé, la cryptomonnaie ayant pour rôle d'encourager le partage de la bande passante. Un futur concurrent de YouTube, non censuré cette fois ?

TRON (TRX) : TRON offre la possibilité aux créateurs de contenu de gérer leurs revenus sur une plateforme décentralisée, en rupture avec le modèle actuel, très centralisé

(Amazon, Netflix, Spotify, etc.). On peut déposer un livre, une vidéo et gérer les revenus (en TRX) soi-même.

VeChain (VET) : nous en avons parlé dans le chapitre sur la blockchain à propos des chaînes logistiques. Domiciliée à Singapour, la société VeChain permet de taguer des produits pour les suivre et en assurer la traçabilité, et ainsi garantir leur authenticité. La société intervient sur plusieurs secteurs, que ce soit le luxe (sacs, parfums, vêtements de marque), l'agro-alimentaire (vins, produits périssables) ou les pièces de rechange automobiles. La traçabilité des produits s'effectue grâce à un système d'étiquetage avec une puce ou un code qui donne une identité propre à chaque produit échangé (puces NFC, puces RFID et codes QR). Ce procédé permet par exemple à n'importe quel moment aux utilisateurs de scanner *via* leur Smartphone les informations sur le produit et d'en connaître tous les détails (fabrication, matériaux utilisés, stockage, etc.).

La plupart des tokens tournent sur la blockchain Ethereum (Augur, Golem), mais certains ont créé leur propre blockchain comme VeChain. Dans le chapitre suivant, nous verrons une autre catégorie de tokens, ceux de la finance décentralisée, puis les NFT.

Terminons avec le Dogecoin (DOGE). Cette cryptomonnaie a été créée le 6 décembre 2013 comme une blague, suite à une discussion sur un forum. Il s'agissait de se moquer des cryptomonnaies et de montrer qu'il était facile d'en créer une, son code n'est qu'une copie de celui de Bitcoin fait à la va-vite. Mais ce token, qui a pris un chien (le Shiba Inu) comme mascotte, a rencontré le succès, au point de faire son entrée dans le top 10 début 2021 ! Pourtant, le code n'évolue pas, il n'existe pas d'équipe de développeurs, il n'a pas de projet, il n'a aucune utilité réelle hormis quelques services de pourboires, c'est juste une blague potache qui a réussi… Son créateur lui-même n'y croyait pas, il a vendu tous ses

Dogecoins en 2015 pour s'acheter une Honda Civic. Mais Elon Musk publie régulièrement des tweets pour en faire la promotion. S'agit-il d'une manipulation de marché afin de se remplir les poches ? Précisons que, s'il a copié le code de Bitcoin, le Dogecoin n'a aucune limitation de son nombre de tokens, c'est une monnaie inflationniste... Chacun se fera son opinion.

Les nouveaux arrivants : Facebook, les banques centrales

Des acteurs importants, non issus de l'écosystème des cryptomonnaies, annoncent leur arrivée. La cryptomonnaie de Facebook fait un peu figure d'arlésienne : annoncée début 2019, elle se fait toujours attendre. Initialement nommée Facebook Coin, puis Libra, il faut désormais parler de Diem. Mais étant donné la force de frappe du réseau social (auquel il faut rajouter WhatsApp et Instagram), son lancement aurait des répercussions mondiales.

Pour gérer sa cryptomonnaie, Facebook a créé une fondation sans but lucratif domiciliée à Genève dont il n'est que l'un des membres, le réseau social évite ainsi toute attitude hégémonique et souhaite que l'ensemble des participants contribuent à son développement. Chaque membre doit apporter 10 millions de dollars pour participer à la gouvernance et avoir le droit de gérer un des nœuds de validation de la blockchain. Lors de son lancement officiel, en mai 2019, 28 sociétés rejoignent le projet (dont celle de Xavier Niel, fondateur de Free).

Mais très vite les choses se grippent, les États voient d'un mauvais œil cette monnaie qui vient concurrencer leurs devises, et aucun des partenaires de Facebook ne s'empresse de défendre le projet, qui doit monter seul au front. Le réseau social va alors jouer la carte de la négociation avec les instances régulatrices aux États-Unis et cela conduit à une modification de fond de son projet : l'abandon d'une monnaie propre basée sur un panier des grandes devises internationales pour une série de stablecoins. Il n'y aura donc pas de Diem valable dans le monde entier, comme prévu au départ, Facebook mettra à disposition des utilisateurs un Diem-dollar pour les États-Unis, et peut-être ensuite un Diem-euro pour la zone euro. La fondation en Suisse est même abandonnée et le 12 mai 2021, Facebook se replie sur ses bases et annonce qu'il a trouvé un accord avec une banque américaine (Silvergate Bank).

Le projet initial, une cryptomonnaie basée sur un panier de devises, était trop ambitieux, elle se mettait au niveau des grandes nations et Facebook, que l'on compare souvent à un pays, aurait joué dans le club des grandes devises souveraines. Diem aurait incarné la puissance de Facebook au même titre que le dollar, le yuan, l'euro, le yen représentent les grandes puissances économiques. Même si Diem n'avait pas été doté d'une banque centrale et n'avait représenté que la moyenne pondérée des grandes devises, en termes d'image, cette nouvelle monnaie aurait acquis un rôle mondial. Les États-Unis et l'Europe ne voulaient pas en entendre parler, ils l'avaient dit de façon plus ou moins explicite. Avec un Diem lié au dollar (et peut-être sur d'autres devises plus tard), Facebook modère ses ambitions, il lance un stablecoin, un produit qui existe déjà depuis longtemps (Tether, USDC, DAI, etc.).

Facebook a aussi créé son portefeuille permettant de gérer ses Diems, Novi. Comme l'indique le réseau social : « Avec Novi, envoyer de l'argent sera aussi facile que d'envoyer un message. Vous pourrez utiliser Novi comme une application autonome, ainsi que dans Messenger et WhatsApp. » Les transferts se feront sans frais et instantanément, un progrès notable par rapport aux banques. Cependant, pour répondre aux désidératas des instances de régulation, il sera nécessaire de présenter une pièce d'identité pour bénéficier de ce portefeuille, le KYC (« *Know Your Customer* », « Connaissez votre client ») sera respecté.

Mais au fait, quelle sera la rentabilité de l'opération pour Facebook, puisqu'il n'y a pas de frais de transaction ? Mark Zuckerberg a répondu à cette question le 27 mai 2020 : « Un utilisateur qui clique sur une publicité a plus de chance d'acheter le produit s'il dispose d'un moyen de paiement natif. » Natif, c'est-à-dire directement intégré à l'application qu'il utilise (Facebook, Instagram) et pour lequel il suffira de cliquer sur un bouton pour payer. Facebook va donc pouvoir augmenter le prix de ses publicités ! Voilà qui sera bien plus rentable que de grappiller des frais de transaction.

Peut-il y avoir d'autres projets de ce type ? D'autres GAFAM (Google, Amazon, Facebook, Apple, Microsoft) vont-ils se lancer ? Nous n'en savons rien pour l'instant, mais un autre acteur important a voulu le faire puis a abandonné, Telegram. Le GRAM (un stablecoin du dollar) devait se mettre à circuler sur la messagerie cryptée la plus populaire du monde, mais en mai 2020, suite aux pressions de la SEC, le gendarme boursier américain, la messagerie a décidé d'arrêter son projet. Au fond, Telegram ne pouvait pas composer avec les États puisqu'il s'est construit contre eux, contre leurs agences de surveillance en proposant une messagerie cryptée. Il est devenu l'acteur le plus connu sur ce créneau, celui de la confidentialité, avec plus de 400 millions d'utilisateurs dans le monde, il ne pouvait pas négocier avec les autorités sans perdre sa réputation et risquer de voir fuir ses clients.

La banque américaine JP Morgan lance son JPM Coin en 2019, mais il ne s'adresse pas aux particuliers, seulement aux grands clients institutionnels, comme les banques, les entreprises, ou les sociétés de courtage. C'est donc un projet d'une nature différente. Le JPM Coin sera un stablecoin (1 JPM = 1 dollar), les clients recevront cette cryptomonnaie après avoir déposé des dollars auprès de la banque. Ensuite, ils pourront effectuer des virements internationaux instantanément, alors qu'aujourd'hui, avec les circuits bancaires classiques, il faut compter au moins une journée. Les transferts d'argent instantanés entre les grands comptes revêtent une importance stratégique et JP Morgan ne veut pas se faire doubler par une banque concurrente ou une fintech.

L'annonce de la cryptomonnaie Facebook a poussé les grandes nations à répondre puisque plusieurs d'entre elles envisagent de créer des Monnaies numériques de banques centrales (MNBC ou CBDC, Central Bank Digital Currency) : le crypto-yuan est annoncé prochainement, tandis que les États-Unis envisagent de lancer un crypto-dollar et l'Union européenne un crypto-euro. Il s'agit ainsi de faciliter les transferts d'argent entre particuliers, de Smartphone à Smartphone, pour éviter qu'ils ne s'échappent chez d'autres opérateurs.

Le Diem de Facebook ou un crypto-euro ne représentent nullement une menace pour Bitcoin, au contraire, ils vont faciliter la démocratisation des cryptomonnaies, et cela profitera à l'écosystème en général. Au bout d'un moment, les gens se mettront à comprendre la différence entre les cryptomonnaies centralisées (Diem, crypto-euro), et celles qui sont réellement décentralisées comme Bitcoin. Et si son cours est certes plus volatil, il ne subit pas le risque de dévaluation et d'inflation qu'entraînent les planches à billets des banques centrales.

Chapitre 6

La finance décentralisée (DeFi)

La finance décentralisée est sortie de l'ombre en 2020, ses volumes ont explosé et plusieurs plateformes se sont imposées parmi les leaders de l'écosystème des cryptomonnaies. Il ne s'agit pas d'une mode mais d'une vraie série d'innovations, et la finance traditionnelle sera un jour impactée.

UNE DISRUPTION RADICALE

Nous avons déjà évoqué Andreas Antonopoulos dans le premier chapitre, alors qu'il s'attaquait aux banques. Rappelons ses paroles : « Et aujourd'hui Bitcoin s'attaque au système bancaire tout entier, l'industrie la plus puissante du monde. Devinez quoi ? Bitcoin va gagner [...]. Il va gagner parce qu'il est ouvert. Dans un monde de bricoleurs, d'expérimentateurs, de constructeurs, l'ouverture est gagnante. La raison pour laquelle il va gagner est qu'il autorise les innovations à prospérer à ses extrémités[1]. » Ce monde de bricoleurs, c'est celui de la finance décentralisée.

La numérisation de la monnaie n'a rien de neuf, elle a été initiée depuis longtemps par les États, avec un objectif plutôt inquiétant : « À partir des années 1970, nos monnaies se sont digitalisées mais pas de la même manière que Bitcoin. Ce fut le début d'un rêve pour les gouvernements, le rêve de pouvoir un jour contrôler chaque transaction financière, de

1. Andreas Antonopoulos, *op. cit.*, p. 49.

chaque être humain sur la planète, d'une manière visible, par les structures de pouvoir. La fin de l'intimité[2]. »

Antonopoulos dénonce cette alliance d'intérêt entre les États et le secteur bancaire : « Ils ont bâti un système qui ne peut faire qu'une chose : vous asservir. Qui ne peut faire qu'une chose : vous appauvrir. Ce système supprime la liberté de la manière la plus efficace possible pour assurer des profits. Ce système est corrompu et il n'est plus adapté. Mais si vous visez des profits, c'est le meilleur, le plus efficace qui soit. Par comparaison, le système fourre-tout que nous avons construit avec Bitcoin n'est pas bon, et il est lent, et il n'est pas adapté. Il est inefficace et il n'est pas aussi sérieux et sophistiqué que le système bancaire international. Mais il accorde la liberté et nous permet de libérer la créativité[3]. » Et l'objectif ce n'est pas de copier ce qui se fait mais d'inventer autre chose : « Pour moi, la vision de Bitcoin n'est pas de bancariser les autres six milliards. C'est de tous nous débancariser. Nous pouvons le faire. La banque est une application[4]. »

De grandes ambitions

Pour comprendre la « finance décentralisée », ou DeFi (*Decentralized Finance* en anglais), commençons par revenir à Bitcoin : il s'agit d'une monnaie décentralisée, nous le savons, sans instance centrale, sans banque, et cela grâce à la blockchain. Mais la blockchain ne sert pas seulement à effectuer des virements, elle permet aussi de faire fonctionner des services financiers, et c'est précisément ce qu'on appelle la finance décentralisée. On obtient ainsi un écosystème de

---

2. *Ibid.*, p. 31.
3. *Ibid.*, p. 141.
4. *Ibid.*, p. 105.

services financiers dont les caractéristiques fondamentales sont :

- la transparence : le code, les *smart contracts* sont publics, auditables, vérifiables ;
- l'*open source* : le code, les fonctionnalités, les « briques » qui composent ces services sont accessibles à tous et elles sont en permanence améliorées par la communauté des développeurs ;
- l'ouverture à tous (*permissionless*) : de la même façon qu'avec Internet chacun peut créer des contenus et les partager, la finance décentralisée permet à chacun d'accéder à une large gamme de services financiers, et même de participer à leur développement, sans devoir demander de permission ;
- automatisable : des actions peuvent être implémentées sans recours à un tiers grâce à l'usage des *smart contracts* ;
- un risque de contrepartie réduit : il n'est pas nécessaire de faire confiance à un tiers centralisateur pour la gestion des fonds ou la validation des transactions – ici la confiance réside dans le code, transparent et auditable ;
- non-censurable : on ne peut pas « interdire » Bitcoin, il en va de même pour ces services financiers, aucune entité ne peut s'opposer unilatéralement à une transaction entre deux parties consentantes.

L'ambition de la financc décentralisée consiste à devenir un écosystème financier sans organes de contrôle, libre d'utilisation, sans barrières à l'entrée. Même les personnes qui ne sont pas bancarisées, mais qui ont accès à Internet, pourront utiliser ces services bancaires… sans banque. Étant donné que le système financier traditionnel repose sur le profit généré par les intermédiaires, leurs services sont absents des régions du monde où les revenus sont faibles. Au contraire, avec la DeFi, les coûts sont réduits de manière importante ce qui met ses services à la portée de tous.

Ces services financiers étant déployés au travers de blockchains, les points de défaillance uniques sont éliminés. Les données sont enregistrées sur la blockchain et donc simultanément présentes sur des milliers de nœuds, ce qui rend leur censure ou l'interruption de service quasiment impossible. Le seul risque – et il n'est pas à négliger – est une faille de programmation qui permet à un hacker de mettre la main sur les fonds, c'est arrivé plusieurs fois. Mais le fonctionnement en *open source* et l'amélioration constante du code qu'il implique permettent de réduire cette menace. L'autre risque, comme pour la détention de bitcoins, tient à l'utilisateur lui-même, qui peut perdre ses mots de passe ou se les faire voler par un hacker si son ordinateur n'est pas suffisamment protégé.

Ainsi, la DeFi se lance un objectif ambitieux : rendre la finance accessible, sécurisée et transparente, en créant un nouveau système, plutôt que d'essayer de changer celui qui existe déjà. Selon Joey Krug, cocréateur du projet Augur, un des « évangélisateurs » de la finance décentralisée : « Cette infrastructure sera sans frontières, économique, rapide, et surtout, elle permettra aux gens d'échanger des choses qu'ils n'avaient jamais pu échanger auparavant, et de créer des marchés qui n'existaient pas jusqu'à présent. » Voilà qui change radicalement par rapport à l'opacité du système financier actuel ! La finance décentralisée apporte des avantages déterminants par rapport à sa devancière :

• rendre disponibles et accessibles des services financiers aujourd'hui réservés qu'à certains (individus fortunés, grandes entreprises, pays développés) ;

• déplacer des actifs de façon fluide et rapide partout dans le monde sans devoir passer par des frontières ou des tiers exigeant des commissions démesurées ou pouvant bloquer ces transferts de façon arbitraire ;

• améliorer l'efficience des marchés de capitaux, en rendant des unités de valeur (actions, obligations, immobiliers, monnaies, etc.) « interopérables » et programmables sur des blockchains ;

• apporter une transparence inédite aux transactions financières grâce à une meilleure auditabilité et à une meilleure compréhension des risques.

On peut aussi comparer la finance décentralisée à l'arrivée d'Internet, comme le font Jon Otherbright et TokenBrice du site BanklessFR (compte Twitter @BanklessFR) dans leur newsletter du 28 avril 2021 : « Avant Internet, si vous vouliez créer une vidéo ou un film, vous aviez besoin d'un studio de production. Vous vouliez écrire quelque chose ? Il vous fallait un éditeur. Il fallait être grand pour devenir grand. Mais Internet a ramené les coûts de création de contenu pratiquement à zéro. Toute personne disposant d'un téléphone peut désormais créer une vidéo, la mettre en ligne, et ce contenu peut être distribué à des millions de personnes – sans studio de production. Ce qu'Internet a fait au contenu, la crypto le fait aux actifs financiers. La DeFi démocratise la création d'actifs financiers. Avant la crypto, la création d'un actif financier était contrôlée par les banques et les institutions. Il fallait des millions de dollars pour lancer un nouvel actif. Plus maintenant ! Comme Internet, la DeFi ramène le coût d'émission et de distribution des actifs à zéro. Un adolescent pourrait construire le prochain produit synthétique de plusieurs milliards de dollars depuis sa chambre d'étudiant. »

Les principales applications

Plusieurs applications ont déjà vu le jour, nous n'en sommes qu'au début, voici les principales.

Les prêts

Les prêts sont l'une des applications qui connaît le plus de succès. Ils se font en contrepartie d'un dépôt en cryptomonnaies, qui est mis sous séquestre. Le système est ouvert à tous, sans délai, automatisé grâce à la blockchain, et demande des commissions minimes ; l'avantage par rapport à la lourdeur du système bancaire traditionnel s'avère donc remarquable. Mais une question se pose immédiatement : pourquoi emprunter si on dispose de la somme sous forme de cryptomonnaies ? Ne serait-il pas plus simple d'en vendre une partie pour réaliser son achat ? En fait non, car l'achat s'effectue en monnaie *fiat*, en euros ou en dollars, et si l'on vend une partie de ses cryptomonnaies et que leurs cours montent, on passe à côté de la hausse et on essuie une « perte d'opportunité ». Prenons un exemple : je casse mon ordinateur portable, je dois en racheter un immédiatement mais je ne dispose pas de 1 000 dollars, je mets alors en garantie les ethers que je possède auprès de MakerDAO, qui me prête 1 000 DAI (un stablecoin du dollar) sur six mois que je transforme en dollars pour acheter mon portable. Puis je rembourse petit à petit ces DAI sur six mois et à la fin, je récupère mes ethers. Si entretemps le cours de l'ether a été multiplié par deux, la plus-value est pour moi, alors que je l'aurais définitivement perdue si je les avais vendus. Concrètement, pour l'instant, la plupart des prêts sont en fait réalisés par des spéculateurs qui peuvent ainsi parier sur le cours de l'ether, mais avec l'augmentation du nombre de personnes qui détiennent des cryptomonnaies, la fonction de prêt a un bel avenir devant elle.

Les DEX

Les plateformes d'échanges décentralisés (les DEX, *Decentralized exchange*) permettent aux utilisateurs de s'échanger des cryptomonnaies sans avoir besoin d'un intermédiaire de confiance (la plateforme d'échange) pour détenir leurs fonds. Sur Binance ou Coinbase vous confiez vos cryptomonnaies à ces plateformes ; si elles font l'objet d'un vol, vous risquez d'encaisser des pertes sèches. Sur un DEX, les transactions sont effectuées directement entre les portefeuilles des utilisateurs à l'aide de *smart contracts*. Le risque de faillite, de disparition ou de vol de la plateforme d'échange disparaît. Comme elles nécessitent en outre nettement moins de maintenance (tout fonctionne automatiquement sur la blockchain), les *exchanges* décentralisés ont des frais de trading inférieurs aux plateformes centralisés.

Les plateformes d'échange décentralisées (DEX) apportent ainsi quatre avantages déterminants :

• la sécurité : les cryptomonnaies passent du portefeuille du vendeur à celui de l'acheteur, la plateforme les met en contact et détermine le cours en fonction de l'offre et de la demande, mais elle ne rentre jamais en possession des cryptos. Le risque de place de marché disparaît purement et simplement ;

• la transparence : les DEX utilisent des *smart contracts*, leur fonctionnement est donc transparent, auditable, la place de marché ne peut pas tricher sur les prix et les volumes ;

• l'échelle mondiale et l'absence de frontière : les DEX ne dépendent pas des législations locales auxquelles doivent se conformer les places de marché centralisées. Qui dit moins de réglementations dit moins de coûts, et un accès mondial augmente le nombre de clients potentiels, et donc la liquidité, ce qui peut vraiment peser sur des petites cryptomonnaies ;

• le pseudonymat : il n'y a pas d'inscription à faire, ni de données personnelles à transmettre, comme on le fait sur Binance ou Kraken. Seule l'adresse du *wallet* (portefeuille) que vous allez utiliser peut éventuellement permettre de vous identifier.

Cependant les DEX ont des inconvénients :

- le risque de hausse des frais : comme les transactions passent sur la blockchain, en général celle d'Ethereum, et qu'elle est souvent engorgée, il y a un risque de hausse des frais ;
- le risque d'arnaque : contrairement à un échange centralisé qui sélectionne (et fait souvent payer) les tokens proposés à la vente, n'importe qui peut se faire coter sur un DEX (« sélectionner » voudrait dire « centraliser »), ce qui attire évidemment les arnaques. Sur Uniswap, le leader du secteur, plusieurs tokens sont apparus – Nugs.space (NUGS) et Nexeum (NEXE) – qui ont presque aussitôt disparu après avoir vu leur cours s'effondrer. Méfiance donc ;
- pas de passage euro-BTC : on ne peut pas venir sur un DEX avec ses euros ou ses dollars pour acheter des bitcoins, car cela nécessite une centralisation (une banque, pour recueillir ses euros). On vient sur un DEX avec ses bitcoins ou ses ethers pour ensuite acheter d'autres cryptomonnaies.

Les DEX les plus utilisés sont Uniswap, Sushiswap, Curve (spécialisé dans les stablecoins), Balancer. La menace est réelle et les grandes plateformes centralisées créent des marchés décentralisés (Binance DEX, Coinbase Pro, etc.). Ces groupes disposent de moyens importants et d'une base de clientèle se comptant en millions de comptes, mais avons-nous affaire à de vrais marchés décentralisés ? Pas vraiment du fait qu'ils appartiennent à une entité qui peut décider de changer les règles unilatéralement. Quoi qu'il en soit, le combat est lancé.

Le *yield farming*

La finance décentralisée permet aussi de générer des revenus pour ceux qui disposent de cryptomonnaies. Si vous les apportez à des sites qui proposent des prêts, vous toucherez une partie des intérêts versés par l'emprunteur. Si vous les apportez à une plateforme d'échange décentralisée, vous lui fournissez de la liquidité qui facilite les échanges (vous participez à un « pool de liquidité »), vous serez récompensé. Dans certains cas, vous toucherez en plus des tokens spécifiques, on parle de *liquidity mining*, c'est le cas du CRV pour Curve, par exemple. Des plateformes peuvent servir d'intermédiaire et sélectionner pour vous les offres les plus intéressantes et s'adapter dans le temps (les rendements proposés évoluent), on parle alors de *yield farming* (« cultivateur de rendement »), un secteur en pleine expansion.

Le *staking*

Nous avons parlé de *proof of stake*, la preuve de détention, précédemment (chapitre 3, « Non, Bitcoin n'est pas une catastrophe énergétique »), comme moyen de validation des transactions. Si vous apportez vos cryptomonnaies à un service qui s'en charge, vous toucherez une partie des revenus, on parle alors de *staking*. Précisons que le *staking* et le *yield farming* ne sont pas réservés à la DeFi, des plateformes centralisées peuvent aussi les proposer (comme Binance, par exemple), tout comme les prêts d'ailleurs, mais c'est la finance décentralisée qui est à la pointe de l'innovation.

Les dérivés synthétiques

Les avantages qu'apporte la finance décentralisée sont nombreux (transparence, coûts de fonctionnement faible, plus de barrière à l'entrée, etc.) mais au début elle restait restreinte aux cryptomonnaies, on ne pouvait pas parier sur le cours de l'action Tesla, du dollar, de l'or ou du pétrole. C'est désormais possible avec les dérivés synthétiques. Un dérivé synthétique est un token sur une blockchain dont la valeur fluctue en fonction de celle d'un actif, appelé sous-jacent et qui, lui, ne se trouve pas forcément sur la blockchain, il peut venir du « monde réel ». Un dérivé synthétique permet ainsi de s'exposer à un autre actif (le sous-jacent), sans le posséder. Ce concept n'est pas propre à l'univers des cryptomonnaies, il existe depuis longtemps dans la finance classique, mais la DeFi apporte avec elle des avantages déterminants (transparence, facilité d'accès, commissions faibles, etc.). On sort de la « boîte noire » de la finance traditionnelle pour aller vers la transparence et la vérité des prix.

Synthetix (SNX) est la première plateforme de génération et d'échange de dérivés synthétiques. Le procédé repose sur un système de dette tokenisée. Le token SNX permet de créer les actifs synthetix, des « Synth » (sTSLA, l'action Tesla, par exemple). Ainsi, pour avoir l'équivalent de 100 dollars d'action Tesla, l'utilisateur acquiert 750 dollars de SNX, qui sont bloqués dans un *smart contract*, et il récupère ses sTSLA d'une valeur, à l'achat, de 100 dollars. Synthetix demande un taux de collatéralisation très élevé de 750 % de façon à résister aux chocs liés à la volatilité du SNX. Même en cas de forte baisse, le *smart contract* ne sera pas liquidé, alors qu'avec une collatéralisation de 200 % par exemple, une division subite du cours du SNX par deux (par rapport à l'action Tesla) entraînerait sa liquidation, et l'utilisateur perdrait ses fonds. C'est le même processus qu'une banque qui accorde un crédit en échange d'une hypothèque, il faut que sa valeur soit supérieure au montant du crédit, avec une marge de sécurité. Ce mécanisme est comparable à MakerDAO où le DAI (stablecoin du dollar) est émis en bloquant des ethers. Ici nous nous sommes placés du côté de celui qui crée le « synth », mais un simple utilisateur peut acheter le token sTSLA (sur la plateforme Synthetix) de façon à s'exposer au cours de Tesla, c'est aussi simple que cela. De la même façon que l'on peut acheter du DAI, qui est « fabriqué » de manière identique sur MakerDAO.

Notons que les prix (ici de Tesla) sont contrôlés et entrés automatiquement dans le *smart contract* par des « oracles », le plus connu étant ChainLink (LINK). On comprend que les oracles sont appelés à prendre de plus en plus d'importance avec le développement de la DeFi. Outre le sTSLA, les « synths » les plus connus proposés par Synthetix sont des monnaies *fiat* (sUSD, sEUR, etc.), des matières premières (sXAU pour l'or, sXAG pour l'argent, etc.), des index (sFTSE pour le FTSE 100, les grandes entreprises cotées britanniques, sNIKKEI pour l'indice japonais).

Mais les dérivés synthétiques peuvent aussi concerner des cryptomonnaies, c'en est même la majorité chez Synthetix, et ils sont de plusieurs types :

- des indices : sCEX (*Centralised Exchange Index,* l'indice des grandes plateformes d'échange centralisés incluant le BNB de Binance, le OKB d'OKEx, etc.), sDEFI (un panier des grandes plateformes de la DeFi avec AAVE, UNI, MKR et le SNX justement) ;
- le suivi du cours de cryptomonnaies : sBTC, sETH, etc. ;
- le suivi du cours inversé de cryptomonnaies : iBTC, iETH, etc.

Ce dernier produit permet de parier à la baisse : si vous pensez que le bitcoin va baisser et que vous voulez en tirer parti, vous achetez du iBTC, de l'« inverse Bitcoin », et son cours grimpera, vous empocherez ainsi une plus-value en le revendant. C'est l'équivalent de la vente à découvert pour les actions, mais ici accessible à tout le monde (le point d'entrée du cours lors de la création de l'iBTC est de 40 378 dollars, et depuis il évolue donc à l'inverse du cours du bitcoin, avec cependant une ampleur limitée de 20 189 dollars à la hausse comme à la baisse).

Les tokens de gouvernance

Autre innovation de la finance décentralisée : les « tokens de gouvernance ». Ce qui fait l'intérêt de la DeFi c'est la décentralisation, mais bon nombre d'utilisateurs achètent le token d'un projet uniquement dans une perspective de spéculation et se désintéressent de sa gouvernance. Lorsqu'il y a des décisions importantes à prendre, seulement 5 % des voix ou moins s'expriment, comme on a pu le voir.

Pour répondre à ce problème, des plateformes (Compound, Curve) ont créé des « tokens de gouvernance » offerts uniquement à ceux qui utilisent effectivement leurs services, c'est-à-dire qui sont directement impliqués. Mais cette belle idée sur le papier a été détournée : des investisseurs sont venus pour toucher, en plus du rendement normal, ces tokens de gouvernance, pour les revendre… ce qui a entraîné une spéculation sur plusieurs d'entre eux, le plus emblématique étant le YFI de yearn.finance, qui ne valait rien au début (juillet 2020), et qui a dépassé les 43 000 dollars en septembre 2020. Bref, on ne sort pas du problème et l'enjeu d'une réelle et efficiente gouvernance de la décentralisation reste à relever.

Autres applications

On peut créer des stablecoins décentralisés comme le DAI de MakerDAO (voir chapitre 5), des services d'assurance (Nexus Mutual propose aux plateformes de la DeFi de s'assurer contre des bugs ou des hacks sur les *smart contracts*), et bien d'autres choses encore. Nous n'en sommes qu'au début et les promoteurs de la DeFi ont pour objectif de proposer toute la gamme des services financiers de façon décentralisée et accessible à tous, et d'autres à inventer.

Les leaders d'un secteur en forte croissance

Le principal indicateur pour mesurer la taille du secteur de la finance décentralisée est la valeur mise en dépôt dans les *smart contracts*. Expliquons cela : lorsque l'on sollicite un prêt (en dollars), on dépose une garantie en ethers ; pour toucher des intérêts (*staking*) on dépose des ethers ou d'autres cryptomonnaies ; lorsque l'on participe à un « *liquidity pool* », on fournit une liquidité moyennant rémunération en déposant des cryptomonnaies, etc. La plupart des services de DeFi imposent de bloquer des cryptomonnaies. Le site defipulse.com centralise toutes ces sommes, que l'on nomme la « TVL » (pour *Total Value Locked*, « valeur totale verrouillée »), un bon indicateur du niveau d'activité (mais qui est différent de la capitalisation, qui dépend de la valeur de marché de la société). Cette TVL a explosé au cours de l'année 2020, « l'année de la DeFi », de 600 millions de dollars en janvier à 15 milliards de dollars fin décembre, pour approcher les 50 milliards à la fin du premier trimestre 2021 ! L'équivalent de 50 milliards de dollars car ce sont des cryptomonnaies qui sont verrouillées, pas des dollars.

Le site defipulse.com établit également un classement des principales sociétés actives dans la DeFi (et utilisant la blockchain Ethereum), passons-les en revue en fonction de leur activité.

Les principales plateformes de prêt sont MakerDAO (MKR), qui est à l'origine du stablecoin du dollar le DAI, et dont le service de prêt lui est consubstantiel (déposer des ethers en échange de DAI) ; son grand concurrent est Compound (COMP), qui s'oriente désormais aussi dans le *staking*. Plus récent, Aave (AAVE) a réussi à se faire une place au soleil.

Les principaux DEX (plateformes d'échange décentralisées) sont Uniswap (UNI), en concurrence frontale avec SushiSwap (SUSHI), né d'un *fork*, et chacun tente de vampiriser l'autre… Curve (CRV), lui, est spécialisé dans les stablecoins. Sur ces plateformes, on peut déposer des cryptomonnaies et ainsi améliorer la liquidité de la plateforme (« pool de liquidités »), et être rétribué pour ce service.

Dans le *yield farming*, les plateformes qui proposent à l'utilisateur d'identifier et de « cultiver » les meilleurs rendements sont Harvest Finance (FARM), qui a subi un hack le 26 octobre 2020 et enregistré une perte de 24 millions de dollars de cryptomonnaies bloquées dans sa TVL, ce qui rappelle que ces opérations ne sont pas sans risque. Signalons aussi Vesper (VPN), Badger DAO (BADGER), Pancake Bunny (BUNNY).

Pour les dérivés synthétiques, on trouve évidemment Synthetix (SNX), le leader historique, et aussi Wrapped Bitcoin (WBTC), un petit nouveau qui s'est imposé. Wrapped Bitcoin résout un problème crucial : quasiment toute la DeFi tourne sur la blockchain Ethereum, en conséquence les ethers peuvent circuler, et la plupart des tokens qui en sont issus, mais pas Bitcoin, qui a sa propre blockchain. C'est ici qu'intervient le WBTC : la société conçoit un « bitcoin synthétique », un Wrapped Bitcoin, que l'on peut traduire en français par « Bitcoin emballé » qui, lui, est compatible avec la blockchain Ethereum (c'est-à-dire avec la norme ERC20). Ainsi, on dépose un bitcoin (ou une fraction), qui est « verrouillé », et on obtient un WBTC qui peut circuler sur tous les services de la DeFi. Lorsque l'on a terminé, on rend son WBTC, qui est détruit, et on récupère son « vrai » bitcoin (ça marche pour un bitcoin ou une fraction de celui-ci, bien sûr). Le service connaît un vrai succès, ne serait-ce que parce qu'il y a plus de détenteurs de bitcoins que d'ethers, et parce qu'ils veulent aussi profiter de la DeFi !

Bien sûr, cette croissance s'accompagne logiquement de l'arrivée de nouveaux acteurs. En janvier 2020, les trois leaders, MakerDAO, Synthetix et Compound, représentaient 80 % de la TVL totale ; en décembre de la même année, 45 %. La domination des leaders reflue logiquement à mesure que les nouveaux arrivants apportent des propositions de valeurs originales.

Les risques et les défis à relever

Face à une telle progression du marché et à l'arrivée de tant de nouveaux acteurs, il faut se poser la question de savoir si nous n'avons pas affaire à une bulle. On voit notamment des TVL (montants verrouillés) qui chutent ou explosent, par exemple, dans la guéguerre entre Uniswap et Sushiswap, et leurs tokens respectifs (UNI et SUSHI). Autre exemple : le token de yearn.finance, le YFI, sans valeur au début (juillet 2020), a dépassé les 43 000 dollars en septembre, soit plus que le bitcoin lui-même à l'époque, ce qui est symbolique puisqu'il n'en existe que 26 000, sa capitalisation est bien plus faible. Mais tout de même, une explosion en aussi peu de temps interroge.

Si l'effet de mode est réel, on ne peut pas parler de bulle. D'une part, les services proposés (crédit, trading, actifs synthétiques) existent déjà dans le « monde réel » et ils ont démontré leur utilité ; d'autre part, les clients sont au rendez-vous comme le prouve le montant de la TVL (*Total Value Locked*, « valeur totale verrouillée »), en forte augmentation.

Bien sûr, cela n'empêche pas le « FOMO » (de l'anglais *fear of missing out*, « peur de rater quelque chose »), avec les excès qui l'accompagnent. Certaines sociétés se lancent trop vite et subissent des hacks, d'autres voient le cours de leur token exploser sans véritable raison. Cependant, la finance décentralisée construit un écosystème qui propose de vraies innovations, des services utiles, avec une transparence jamais vue dans la finance traditionnelle, et à des coûts de fonctionnement largement inférieurs. Cette croissance se poursuivra.

Un certain nombre de risques et de défis sont à prendre en compte pour garantir la croissance future de la finance décentralisée :

• diminuer le risque pesant sur l'utilisateur : les applications DeFi transfèrent la responsabilité des intermédiaires vers le client, ce qui constitue un risque pour beaucoup (perte de mot de passe, piratage), il faut donc concevoir des produits qui minimisent ce risque d'erreur ;

• démocratiser l'expérience utilisateur : actuellement, l'utilisation d'applications DeFi nécessite de vraies connaissances techniques, ce n'est pas encore ouvert au grand public, la simplicité d'utilisation de la finance traditionnelle doit devenir un objectif pour les années à venir ;

• améliorer la performance des blockchains : quasiment toutes basées sur Ethereum, les plateformes DeFi souffrent parfois d'engorgement ou de frais prohibitifs, son basculement en « preuve de détention » (*proof of stake*) devrait régler le problème ;

• garantir la fiabilité des oracles : pour fonctionner, les plateformes utilisent des données venant du « monde réel » qui sont transmises à l'application *via* ce qu'on appelle un « oracle », Chainlink étant le plus connu ; en conséquence, si les données sont manipulées, cela peut amener des vols ou des fraudes ;

• permettre la connexion directe avec les monnaies fiduciaires classiques : pour utiliser les fonctionnalités de la DeFi, il est nécessaire de laisser ses euros ou ses dollars à l'entrée et d'obtenir des ethers ou d'autres tokens comme le stablecoin du dollar DAI. Une réelle synergie avec les monnaies *fiat* en est encore au stade de la réflexion. Ceci dit, la volonté des banques centrales de créer un crypto-dollar, un crypto-yuan, un crypto-euro, pourrait paradoxalement faciliter cette connexion.

Mais la capacité d'innovation de la DeFi demeure très forte. Ainsi, par exemple, un nouveau venu propose une formule originale : le prêt qui se rembourse tout seul ! Normalement, lorsque l'on sollicite un prêt, on doit rembourser le principal + les intérêts. C'est le cas aussi bien dans la finance traditionnelle qu'avec MakerDAO ou Compound. Alchemix (ALCX), qui s'est lancé en février 2021, propose un prêt gratuit en quelque sorte. Concrètement, comment cela fonctionne ? Imaginons que vous avez besoin de 500 dollars. Vous les avez, vous pouvez puiser dans votre épargne, mais Alchemix vous propose autre chose : déposer sur la plateforme 1 000 dollars en DAI et Alchemix vous donne immédiatement 500 alUSD (un stablecoin du dollar synthétisé par Alchemix) que vous convertissez en dollars. Avec vos 1 000 DAI, Alchemix va faire du *yield farming* pendant deux ans (sur yearn.finance), et à l'issue de cette période, vous récupérez vos 1 000 DAI. Ce qui veut dire qu'Alchemix, avec vos 1 000 dollars pendant deux ans, est capable de générer au moins 500 dollars de revenus grâce au *yield farming*, et ce qui vient en plus constitue sa marge. La plateforme réalise donc au moins 25 % de revenus annuels, ce qui, dans le domaine de la DeFi, n'a rien d'extraordinaire. La seule chose que vous « payez » dans cette affaire, c'est le fait de bloquer 1 000 dollars pendant deux ans, c'est tout, vous vous privez seulement des revenus que pourrait générer cette somme. Autrement dit, Alchemix vous verse une avance sur vos revenus de *yield farming*. Un prêt qui se rembourse tout seul, on n'est pas loin de l'alchimie !

Une autre façon de gagner de l'argent

Quand on parle d'investissement dans les cryptomonnaies, on pense au fait d'acheter du Bitcoin et quelques autres cryptomonnaies, et d'attendre que le cours progresse. Certains font aussi du trading, c'est-à-dire achètent et revendent plusieurs fois dans la même journée, mais fondamentalement, il s'agit de parier sur une progression du cours. Cependant, il existe une autre façon de gagner de l'argent : elle est proposée par la finance décentralisée et elle ressemble aux produits bancaires classiques puisqu'il s'agit de toucher des intérêts réguliers : c'est ce que l'on appelle les « revenus passifs ». Et ces revenus qui tombent régulièrement dans votre escarcelle sont d'un niveau nettement supérieur à ceux que peut offrir le système bancaire, qui subit la contrainte des taux zéro. Le Livret A, les livrets bancaires, l'assurance-vie, ne rapportent presque plus rien, au contraire du monde des cryptomonnaies qui offre des rendements très alléchants. C'est une excellente raison de s'y intéresser.

Il existe plusieurs façons de gagner des revenus passifs avec les cryptomonnaies, nous en avons déjà évoqué certains :

- Les prêts : on reprend ici le fonctionnement d'une banque classique ; on dépose ses cryptomonnaies, qui sont prêtées, et on touche une part des taux d'intérêt versés par l'emprunteur. Nous avons cité les plateformes MakerDAO (MKR), Compound (COMP), Aave (AAVE). Il existe aussi des sites qui proposent le même type d'offre (BlockFi, Hodlnaut, YouHolder, etc.) mais qui, attention, ne fonctionnent pas à base de *smart contracts* et ne relèvent donc pas de la DeFi. Ce sont des sociétés centralisées qui annoncent ce qu'elles veulent et peuvent disparaître du jour au lendemain. D'ailleurs, elles ne figurent ni sur le site defipulse.com (qui ne recense que les sociétés DeFi), ni sur Coingecko.com (qui recense toutes les cryptomonnaies). Prudence donc, il faut voir qui est derrière. Par ailleurs, les grandes plateformes d'échange ne pouvaient pas laisser passer cette opportunité et elles ont également développé ce service (Binance Lending, par exemple), mais ici aussi on a affaire à de la DeFi « recentralisée ». Ces taux sont parfois élevés, par exemple Aave propose plus de 10 % par an sur le DAI, Binance Lending s'avère moins intéressant (6 % sur le Tether/USDT, 1,2 % sur le bitcoin). Il faut noter que ces taux ne sont pas garantis sur l'année, ils varient. Comment certains sites parviennent-ils à proposer des taux si élevés ? Parce qu'en fait, la fonction de prêt est utilisée à 90 % par les spéculateurs, et que pour eux, cela leur revient moins cher que de parier avec un effet de levier sur un marché centralisé où les frais sont nettement plus élevés. Ensuite, Aave fonctionne de façon automatisée à base de *smart contracts*, avec quelques dizaines de salariés, quand Binance a des bureaux dans le monde entier ; les frais de structure ne sont pas les mêmes.

• Le staking : on parle ici de validation des transactions en « preuve de détention » (*proof of stake*). On dépose des cryptomonnaies sur une plateforme qui se charge de ce travail, et on est rémunéré pour cela (la plateforme rétrocède donc une partie de ses gains). Les grandes plateformes d'échange proposent également des services de *staking* (Binance, Kraken, etc.) ; cependant nous ne sommes plus ici dans la DeFi mais dans des structures centralisées (de taille mondiale, ce qui pourra rassurer). Kraken propose entre 5 et 17 % d'intérêts annuels sur l'ether, 5,5 % sur Tezos, 12 % sur Polkadot, etc. Binance Staking propose 8,49 % sur son token BNB, 12,49 % sur le Tether (USDT), 8,79 % sur le DAI.

• Les pools de liquidité : il s'agit ici d'apporter ses cryptomonnaies afin d'améliorer la liquidité des plateformes d'échange décentralisées, qui connaissent de plus en plus de succès mais qui font face à des problèmes de liquidité, contrairement aux grosses plateformes centralisées qui réunissent en un seul point des sommes considérables. Et qui dit manque de liquidité dit augmentation des frais de transaction. Celui qui va apporter ses cryptomonnaies pour « mettre de l'huile dans les rouages » améliore le service et fait baisser les frais de transaction, il est donc normal qu'il soit rémunéré pour cela. On utilise aussi le terme de « minage liquide » (*liquidity mining*). Les pools de liquidité génèrent des intérêts, mais rapportent également des tokens (de gouvernance notamment) qui peuvent être ensuite revendus, ce qui rend cette activité plus complexe (il faut tenir compte du cours du token) mais aussi, potentiellement, plus rémunératrice. Le fait d'arbitrer entre différents pools de liquidité, en tenant compte des intérêts versés, des tokens récupérés et de leurs cours s'appelle le *yield farming* (« cultivateur de rendement »), un créneau de la DeFi en plein développement.

Il existe plusieurs types de risques à bien identifier lorsque l'on souhaite profiter des revenus passifs :

• Le risque sur le capital : si l'on choisit de prêter ou de faire du *staking* sur l'ether, on peut certes gagner des intérêts, mais on s'expose à un risque sur le capital. Tant mieux si l'ether progresse par rapport à l'euro (on gagne sur le cours plus les intérêts), mais une baisse du cours peut annuler les gains en intérêts, et même nous plonger dans le rouge. Qu'importe de gagner 20 % d'intérêt si l'ether perd la moitié de sa valeur sur l'année, on est bel et bien perdant ! Par contre, en choisissant un stablecoin sur le dollar, on limite considérablement le risque en capital, et on engrange tranquillement des intérêts. Une solution qui se rapproche d'un livret bancaire classique. On s'expose cependant au taux de change euro/dollar, certes bien moins volatile que les cryptomonnaies, mais tout de même, un recul du dollar de 10 ou 15 % sur l'année n'a rien d'extraordinaire et il peut annuler les intérêts que l'on a accumulés. La solution idéale serait un stablecoin sur l'euro, on l'attend avec impatience…

- Le risque de hack : les tokens que l'on dépose sont verrouillés dans un *smart contract*, et si celui-ci comporte une faille, un hacker pourra mettre la main dessus. Les plateformes de la DeFi sont récentes et n'offrent donc pas le même niveau de sécurité que les grandes plateformes d'échange comme Binance, Kraken ou Coinbase. Nous sommes un peu à l'époque où les *exchanges* étaient bien plus petits et plus vulnérables. Selon une étude Messari, 284 millions de dollars ont été dérobés en 2020 sur la DeFi, soit 0,65 % de l'ensemble des fonds déposés. C'est la contrainte des revenus passifs : on gagne de l'argent mais on n'est plus propriétaire de ses cryptomonnaies, on les dépose sur une plateforme et on s'expose au risque de les perdre.
- Les risques intrinsèques des plateformes comme la période de verrouillage (les fonds sont bloqués pour une période déterminée, ce qui pose évidemment un problème si le cours baisse, on est coincé) et la volatilité des tokens offerts en récompense, ce qui introduit une forte dimension aléatoire sur le rendement final de l'opération.

Si les risques existent, les moyens de générer des revenus passifs avec les cryptomonnaies sont incontestablement en train de croître et de gagner en popularité, au point d'ailleurs que les plateformes d'échange centralisées se mettent à copier la DeFi (en avril 2021, Binance annonce se lancer dans le trading d'actions tokenisées en commençant par Tesla, ce que fait Synthetix depuis un moment). Au fur et à mesure que ces produits deviendront plus fiables, ils constitueront une véritable source de revenus stable.

Chapitre 7

La tokenisation de l'économie : ICO, STO, NFT

La tokenisation est la création d'un token qui va représenter un objet réel, concret ou numérique. Et ensuite il sera plus facile de l'échanger du fait qu'il circule sur la blockchain. Au chapitre précédent, sur la finance décentralisée, nous avons vu que nous pouvions tokeniser une action (le sTSLA de Synthetix, représentant l'action Tesla) ; maintenant nous allons voir comment la tokenisation peut accompagner et accélérer le développement économique.

L'ICO, UN NOUVEAU MOYEN DE FINANCER LES START-UP

Le terme ICO (*Initial Coin Offering*) fait référence à IPO (*Initial Public Offering*), le terme anglais pour désigner l'introduction en Bourse. À cette occasion, une entreprise lève de l'argent pour financer son développement, de nouveaux actionnaires entrent au capital et financent ainsi l'entreprise. Une introduction en Bourse permet aussi aux détenteurs historiques du capital de vendre sur le marché tout ou partie de leurs actions pour empocher une éventuelle plus-value.

Dans l'ICO, ce qui est offert à la vente est un « token » (jeton, en français), un actif numérique. Mais attention, le token n'est pas une part du capital de l'entreprise, comme c'est le cas lors de l'introduction en Bourse, il s'agit d'un droit d'usage du service de l'entreprise, d'un bon d'achat en quelque sorte. Par exemple, pour Golem (qui a fait son ICO en novembre 2016), qui met en relation les entreprises qui ont des besoins de puissance de calcul avec celles qui en ont en excédent, le token GNT sert de monnaie d'échange entre elles. Acquérir des GNT permet d'accéder à ce service. Mais ce n'est pas tout, car on n'a pas forcément besoin de ce produit, on peut aussi échanger ce token sur une place de marché contre du bitcoin ou de l'ether, il s'agit donc également d'un actif financier ! On peut acquérir du GNT en se disant qu'il prendra de la valeur avec le temps.

Le token provenant d'une ICO est donc un objet numérique double : un bon d'achat de l'entreprise émettrice et un actif financier, c'est en quelque sorte une monnaie privée émise par une entreprise. Pour les investisseurs, il s'agit d'un nouvel actif financier qui fait son apparition dans la gamme des placements.

C'est la blockchain Ethereum qui a littéralement créé ce marché avec près de 90 % des ICO réalisées, celle-ci étant plus facile à programmer et offrant plus de fonctionnalités, grâce à son standard dédié, le token ERC20. Au moment où l'ICO est lancée, on achète les tokens émis avec des ethers puisqu'on est sur Ethereum. Les tokens sont émis en nombre limité et ils ne sont pas falsifiables. Cette intégrité est garantie par la blockchain : l'entreprise ne peut pas émettre et distribuer « en douce » des tokens et il est impossible de fabriquer de faux tokens.

Pour l'entreprise qui lève des fonds, l'ICO permet de s'affranchir des lourdeurs des levées de fonds traditionnelles, que ce soit le capital-risque (qui nécessite d'avoir des contacts et de présenter son projet à de nombreuses reprises, ce qui prend du temps), ou l'introduction en Bourse (un processus lourd et coûteux). Une ICO est rapide à mettre en œuvre, peu coûteuse. L'autre avantage fondamental est qu'il n'y a aucune dilution, les actionnaires lèvent de l'argent sans que leur part détenue dans le capital de l'entreprise ne diminue, puisque le token n'est pas une action. Et c'est mieux qu'un crédit bancaire, puisqu'il n'a pas à être remboursé.

Pour l'investisseur, les avantages sont également nombreux. À l'heure actuelle, il est difficile pour un particulier d'investir dans une start-up, à moins d'être lui-même un capital-risqueur, ce qui nécessite des moyens financiers importants. Les frontières disparaissent également : nul besoin de posséder la nationalité américaine ou de se rendre aux États-Unis pour investir dans une ICO de la Silicon Valley. Avec l'ICO, n'importe qui peut décider d'investir une somme modeste dans une start-up dont il croit au *business model*, elle démocratise comme jamais auparavant le capital-risque, elle abolit la frontière entre les investisseurs professionnels et Monsieur Tout-le-monde.

L'ICO permet d'ubériser les banques d'affaires et les grands fonds de capital-risque, passage quasi obligatoire pour toute start-up qui veut grandir. Selon Balaji Srinivasan, associé du fonds Andreessen Horowitz, « les ICO feront tomber la barrière entre investisseurs professionnels et acheteurs de tokens de la même façon qu'Internet a fait tomber la barrière entre journalistes professionnels d'une part, et blogueurs et utilisateurs de Twitter d'autre part. Internet a permis à chacun de devenir journaliste amateur. Désormais, des millions de gens vont devenir investisseurs amateurs. Tout comme pour le journalisme, certains réussiront extrêmement bien, et se serviront de leurs réussites pour entrer dans la ligue des investisseurs professionnels. » Réciproquement, on assistera aussi au mouvement inverse : « Tout comme utiliser Twitter est devenu pratiquement un passage obligé pour les journalistes, les investisseurs traditionnels se mettront eux aussi à acheter des tokens. »

La bulle des ICO de 2017-2018

Les montants levés par les ICO se mettent à exploser à partir de l'été 2017, avec des records atteints par Tezos (un concurrent d'Ethereum, 232 millions de dollars), FileCoin (stockage de fichiers, 200 millions de dollars), Bancor (DeFi, 153 millions de dollars), etc. Les montants levés dépassent ceux du capital-risque, le moyen traditionnel de financement des start-up. On rentre incontestablement dans une bulle, du fait de l'attrait de la nouveauté, et aussi de la hausse des cours (le bitcoin culmine à 20 000 dollars en décembre) qui produit un « effet richesse » chez ses détenteurs et les incite à dépenser… pour gagner encore plus.

L'effet de mode a aussi attiré des profils peu scrupuleux : le processus est tellement facile, il ne nécessite pas de monter un épais dossier pour convaincre les banques ou le marché boursier, aucune autorité ne valide l'ICO. En conséquence, n'importe qui peut présenter un projet soi-disant prometteur, empocher l'argent et disparaître. De nombreuses arnaques se sont produites à travers le monde, les adeptes du « prends l'oseille et tire-toi » ont trouvé là un nouvel outil très performant. En 2016, une soixantaine d'ICO ont été dénombrées, elles sont plus de 2 000 en 2017, dont bon nombre de projets farfelus avec un *white paper* (« livre blanc » qui présente le *business model*) écrit à la va-vite. Les déconvenues furent fréquentes pour les épargnants, et la baisse des cours généralisée des cryptomonnaies en 2018 a finalement épuisé le filon. Le pic du nombre de lancements d'ICO est atteint au premier trimestre 2018, ensuite c'est l'effondrement. Il faut revenir à une vérité de base : le métier d'investisseur ne s'improvise pas, il nécessite des connaissances, du bon sens, une capacité d'analyse, du temps, et l'acceptation de l'échec aussi, qui permet d'apprendre. Mais il ne faut pas pour autant vouer les ICO aux gémonies : de toute façon, le financement de start-up s'avère extrêmement risqué, quel que soit son mode de financement. Les investisseurs en capital-risque savent bien qu'avec une réussite sur dix, ils sont contents, il n'y a pas de raison qu'il en aille autrement si l'argent est apporté par une ICO. Il s'agit avant tout d'un projet, la plupart du temps il n'y a même pas encore de clients, présumer de la réussite relève en partie de la divination…

Et puis, il faut tout de même signaler plusieurs réussites, comme Tezos (XTZ), FileCoin (FIL), Bancor (BNT), dont nous venons de parler, Basic Attention Token (BAT, qui vous rémunère lorsque vous utilisez le navigateur Brave), vu précédemment. Citons aussi deux réussites françaises : iExec (RLC, cloud décentralisé) et DomRaider (DRT, rachat de noms de domaine tombés dans le domaine public, s'est diversifié depuis). Ces sociétés n'auraient peut-être pas vu le jour sans ce procédé original, ouvert à tous et rapide qu'est l'ICO. Ceci dit, la mode est passée, clairement, mais le procédé reprendra sans doute un jour une place plus importante.

Les STO, la tokenisation d'actifs réels

À la différence des ICO qui proposent d'investir dans un projet, les STO (*Security Token Offerings*, « émission de titres financiers numériques ») concernent des actifs *existants*, qui ont fait leur preuve, qui génèrent déjà des revenus et dont la valeur a peu de chance de tomber à zéro. Ce qui change tout évidemment. Cet actif sous-jacent peut être une action, une dette, un bien immobilier, une matière première, un brevet, du moment qu'il génère des revenus réguliers (respectivement : dividendes, intérêts, loyers, négoce, licence d'exploitation). Mais quel est l'intérêt d'acquérir des tokens représentant un actif plutôt que d'acheter directement cet actif ? La réponse est simple, pour bénéficier des avantages de la blockchain :

- efficience, réduction des coûts : la digitalisation des actifs financiers rend leur gestion plus rapide (règlement-livraison quasi instantané) et moins coûteuse, et leur conservation plus simple. On peut mettre en place des contrats intelligents (*smart contracts*) qui permettent de gérer des événements comme les distributions de dividendes, par exemple, avec là encore une réduction des coûts ;

- transparence : l'allocation des tokens et le versement des dividendes entre les différentes catégories d'investisseurs se font au vu et au su de tous, sur la blockchain, ce qui change des structures financières opaques qui prédominent dans le monde financier ;

- immutabilité : les transactions sont enregistrées sur la blockchain, elles ne peuvent donc pas être annulées ou modifiées, ce qui garantit une confiance mutuelle entre les investisseurs et les émetteurs ;

- liquidité : un actif d'un montant unitaire important (un bien immobilier) peut être « découpé » en autant de tokens d'un montant accessible à tous. Un actif domicilié dans un pays donné peut être acquis, *via* son token, par des investisseurs du monde entier (alors qu'un Français aura du mal à acheter un bien immobilier aux États-Unis). Ensuite, ce token peut être facilement et rapidement revendu sur une place de marché. Ce gain en termes de liquidité peut potentiellement bouleverser le marché de l'immobilier, où les frictions et les lenteurs sont importantes ;

- diversification : les émetteurs peuvent accéder à de nouvelles sources de financement, les investisseurs peuvent acquérir des actifs financiers inaccessibles jusqu'ici. On assiste à une désintermédiation des fonds d'investissement qui sont la chasse gardée de quelques grandes fortunes et d'investisseurs institutionnels.

Toutes ces caractéristiques renouvellent en profondeur le métier d'investisseur et ils offrent d'impressionnantes opportunités en termes de nouveaux produits à destination des épargnants du monde entier. Au-delà des types d'actifs que nous avons cités précédemment (une action, une dette, un bien immobilier, etc.), on peut aussi imaginer de tokeniser une œuvre d'art (un Picasso « découpé » en tokens deviendrait accessible à toutes les bourses), en somme tout ce qui a de la valeur mais est peu liquide et/ou difficile à acheter. Les potentialités sont gigantesques.

Mais ces avantages sont encore largement théoriques, l'écosystème n'en est qu'à ses débuts du fait de l'incertitude juridique : les STO sont en effet soumis à la forte réglementation qui s'impose à toute émission de valeurs mobilières (*securities*), une législation qui n'est pas toujours bien adaptée car elle évolue plus lentement que les technologies. Ainsi les *security tokens* ne sont pas proposés sur les plateformes d'échange habituelles (Binance, Coinbase, Kraken, etc.) du fait d'une réglementation plus stricte, ils nécessitent des *exchanges* dédiés. Les plateformes d'émission, de création de tokens (on parle de « marché primaire ») les plus connues sont polymath.network, platform.neufund.org, securitize.io, swarm.fund, et les plateformes d'échange (le « marché secondaire ») principales sont tzero.com, openfinance.io, templuminc.com.

Malgré ces contraintes juridiques importantes, le nombre de STO augmente d'année en année : 2 en 2017, 35 en 2018, 55 en 2019 et 380 en 2020 pour un montant total de 4,1 milliards de dollars (selon PWC & Crypto Valley Association), ce qui marque un vrai décollage. Une bulle n'est pas à exclure, mais rappelons qu'il s'agit ici d'actifs existants, dont on connaît les caractéristiques et les revenus qu'ils génèrent, un emballement irrationnel de type ICO semble donc nettement moins probable.

Deux domaines semblent porteurs : les fonds immobiliers et les fonds d'investissement. La digitalisation d'actifs en petites fractions permet de cibler une audience plus large et plus internationale. Le modèle STO oblige en outre les managers des fonds d'investissement à être plus transparents vis-à-vis de leurs investisseurs, l'apport de nouveaux investisseurs et de liquidité constitueraient une contrepartie tout à fait enviable pour ces gestionnaires de fonds, en échange d'une baisse de leurs commissions, tout le monde y gagnerait. Ce type d'investissement existe déjà un peu, il s'agit des plateformes d'investissement participatif (en France : Wiseed, Anaxago, Investbook), mais la blockchain apporte une transparence, une sécurité et une baisse des coûts déterminantes.

Les avantages des STO dans l'immobilier sont nombreux : l'achat se fait en quelques secondes (rapidité), le token peut être revendu rapidement (liquidité), la valeur de la part est faible (accessibilité), le marché est international (ouverture géographique) et le nombre d'intermédiaires réduit au maximum (rentabilité). Voilà qui change de fond en comble par rapport à l'investissement immobilier traditionnel. Désormais, un simple épargnant peut investir dans des biens situés dans plusieurs pays, en revendre certains quand il le souhaite, ce qui était impensable précédemment. La SCPI apporte certains de ces services, mais elle est le plus souvent limitée aux frontières nationales, la revente des parts est difficile, et les frais de gestions sont plus élevés.

Un des leaders sur ce créneau est la société américaine RealT (realt.co), on peut y acheter des parts de logement, d'un montant unitaire de 60 à 160 dollars environ et qui, grâce aux loyers perçus, offrent un rendement annuel supérieur à 10 %, une performance enviable. On achète les tokens et RealT s'occupe du renouvellement des locataires, de la perception et de la redistribution des loyers, moyennant une commission de 5 % du montant des loyers. La société propose surtout des logements à Detroit, mais aussi Chicago ou Cleveland. Chaque logement a un token associé (par exemple, le RealToken16200 Fullerton Avenue Detroit MI, listé sur CoinGecko.com) et ils peuvent être revendus et achetés sur la plateforme du site, ainsi que sur Uniswap, une plateforme de la finance décentralisée (moins réglementée, la DeFi peut accueillir ce type d'actif).

Les NFT, la tokenisation des biens uniques

NFT veut dire « token non fongible », alors commençons par la notion de *fongibilité*. La fongibilité signifie qu'un actif ne peut pas être distingué de son équivalent : un billet de 10 euros peut être échangé contre n'importe quel autre billet de 10 euros, ils ont une valeur identique et aucun billet de 10 euros ne possède une caractéristique particulière qui le distinguerait des autres (cas très particulier : si un billet a une erreur d'impression, ce qui arrive parfois, il intéressera les numismates et aura une valeur spécifique !).

Les bitcoins sont fongibles, ils peuvent être échangés entre eux sans problème. Cependant, lorsque l'on regarde les choses plus en détail, ce n'est pas tout à fait vrai, et pour une raison fondamentale : l'historique des transactions. La blockchain regroupe l'intégralité des transactions, ce qui permet de suivre certains bitcoins, par exemple ceux qui proviennent d'un vol sur une plateforme ou d'une rançon. Ces bitcoins-là sont « marqués » en quelque sorte (on parle de *tainted coins*), surveillés (par Chainalysis notamment, une société privée qui travaille pour des États et des régulateurs), et ils ne sont pas assimilables aux autres bitcoins, car derrière eux agissent des hackers en infraction avec la loi. Dans l'absolu, la fongibilité complète implique l'anonymat, et seules les monnaies anonymes (Monero, Zcash, Dash) peuvent le revendiquer, mais elles sont dans le collimateur des régulateurs, et plusieurs plateformes les ont délistées… Au final, disons que, hormis le cas particulier des activités illicites mises sous surveillance, les bitcoins sont fongibles, ainsi que toutes les cryptomonnaies.

Qu'est-ce que la non-fongibilité ? Bitcoin est le premier à créer des tokens non fongibles avec les « *colored coins* » : des bitcoins sont « coloriés » (de façon informatique) de manière à attester leur propriété. Par exemple, une société lève des capitaux en bitcoins, ceux apportés par untel sont « coloriés » de façon spécifique permettant de lui garantir qu'il en est bien propriétaire et qu'il touchera des dividendes à la hauteur de son pourcentage du capital détenu. Mais ce procédé n'a pas connu le succès.

Il faudra attendre septembre 2017 avec la création du concept de token non fongible, *Non-Fungible Tokens* (NFT) par Dieter Shirley, cofondateur de Dapper Labs et cocréateur de CryptoKitties (le premier succès des NFT, nous allons y venir). Les NFT tournent sur la blockchain Ethereum sous le standard ERC721. Contrairement aux tokens ERC20 qui sont utilisés pour l'émission de tokens dans le cadre des ICO et qui, eux, sont parfaitement fongibles, chaque token ERC721 est un actif numérique unique. Deux NFT n'ont pas les mêmes qualités, ils ne sont donc pas égaux et ils ne sont pas divisibles. On peut les comparer aux objets de collection (timbres, voitures de collection, œuvres d'art, etc.) : chacun est unique. En outre, la blockchain fait que les NFT sont infalsifiables, que la propriété est facilement vérifiable et qu'ils peuvent être rapidement échangés, ce qui marque un progrès évident par rapport aux droits de propriétés classiques, plus lents à vérifier et non exempts de fraudes.

L'intérêt de la non-fongibilité est de créer des tokens uniques qui peuvent représenter (« tokeniser ») des objets uniques, réels ou numériques. On peut acheter et revendre *tel* NFT qui représente *tel* objet sous-jacent, et ce très facilement puisque tout se fait sur la blockchain. Les NFT permettent de tokeniser des objets numériques qui jusqu'ici ne pouvaient pas faire l'objet de droit de propriété, ou alors avec les outils classiques mais bien plus lourds à manier. Et dans ce domaine, les jeux et l'art (numériques tous les deux) sont précurseurs.

NFT : LES JEUX ET L'ART EN POINTE

Le premier NFT à être lancé, et qui connaîtra un succès immédiat, est CryptoKitties : des chatons numériques (ce n'est pas une blague), dont chacun est représenté par un token unique et non réplicable (un token = un chaton spécifique). Au plus fort de leur activité, début décembre 2017, les transactions cryptokitties représentaient environ 20 % du trafic de la blockchain Ethereum, au risque de l'engorger et de rendre les frais de transaction prohibitifs…

Les jeux sont en pointe pour populariser le concept de NFT : sur Decentraland, chaque token LAND représente un droit de propriété sur une parcelle de terre déterminée dans un monde accessible en réalité virtuelle. Chaque terrain est unique et ne peut appartenir qu'à une seule personne. Comme l'immobilier dans le monde réel, les adeptes de Decentraland spéculent sur le fait qu'un token LAND dans un centre-ville gagnera plus de valeur qu'un autre situé loin des voies de communication.

Les jeux vidéo ont flairé la bonne affaire, les joueurs aussi : dans un jeu traditionnel, le joueur peut acheter un bien numérique (par exemple, une arme sur Fortnite), mais celui-ci reste la propriété du jeu, il n'en dispose pas entièrement.

Alors qu'avec la blockchain qui certifie sa possession, il peut sortir du jeu le token représentant l'arme, pour la vendre à un autre joueur sans que le jeu n'ait son mot à dire. Nous avons ici affaire à un vrai droit de propriété.

Une société française s'est développée avec succès sur ce créneau : Sorare. Elle reprend l'idée des cartes de joueurs de football Panini à coller dans des albums, mais de façon numérique. Ainsi, plus d'une centaine de clubs européens ont signé avec la société et chacun de leurs joueurs fait l'objet de 100 cartes par saison (Rare), 10 (Super Rare) et une (Unique) monnayées en fonction de l'offre et de la demande (la carte Unique de Cristiano Ronaldo, le joueur vedette de la Juventus de Turin, s'est vendue 12 000 dollars en ethers en juin 2020…). Les utilisateurs de Sorare constituent des équipes qui s'affrontent dans des championnats virtuels, et qui sont d'autant plus fortes qu'elles sont composées de joueurs rares, et dont les performances dépendent également de celles des vrais joueurs sur le terrain. Acheter la carte d'un joueur peu connu mais qui perce en réalisant de bonnes performances sur le terrain permet ensuite de la revendre plus cher.

Les jeux sont en pointe pour le développement des NFT, que ce soit les collections (les chatons numériques de CryptoKitties), les jeux de cartes à échanger (Sorare, Gods Unchained, qui représente des personnages de jeux), les mondes virtuels (Decentraland, Cryptovoxels, un jeu similaire) ou les jeux vidéo sur lesquels on peut acheter des produits (Ubisoft a créé des Rabbids Token, des Lapins Crétins uniques à l'instar des CryptoKitties, dont le fruit des ventes est reversé à l'Unicef).

L'autre secteur en forte croissance est l'art, plus spécifiquement l'art numérique qui peut, enfin, faire l'objet d'un droit de propriété.

Jusqu'ici, une œuvre numérique, à partir du moment où elle est postée sur Internet, peut faire l'objet de multiples copies et personne ne peut en revendiquer la propriété. Désormais on peut associer une création originale à un NFT et celui qui l'achète en devient propriétaire. Bien sûr, l'œuvre peut être librement copiée par n'importe qui sur son ordinateur, mais seul le détenteur du NFT peut en attester la propriété.

Le plus ancien site d'art numérique est CryptoPunks, qui regroupe 10 000 portraits de personnages numériques très pixélisés, dont on peine à imaginer qu'ils puissent se vendre si cher – 4 200 ethers, soit 7,5 millions de dollars le 11 mars 2021 pour le CryptoPunk 7804. Il y a mieux : à la même date, l'œuvre numérique *The First 5 000 Days* de l'artiste américain Beeple (un collage de milliers de photos) a été adjugée par la maison de vente aux enchères Christie's pour 69,3 millions de dollars ! Beeple (Mike Winkelmann, de son vrai nom) se place ainsi parmi les trois artistes les plus chers du monde de leur vivant. Fin février, une autre de ses œuvres s'était vendue 6,6 millions de dollars sur une plateforme spécialisée.

Manifestement, cela ressemble à une bulle, mais derrière ces records il faut comprendre que toute une nouvelle économie se met en place, qui permet enfin de donner de la valeur à l'art numérique, plutôt délaissé jusqu'ici, et qui court-circuite les intermédiaires traditionnels (galeries, musées, collectionneurs), et cela grâce aux NFT.

Les frères jumeaux Winklevoss, connus pour s'être fait subtiliser l'idée de Facebook par Mark Zuckerberg (voir le film *The Social Network*, 2010), ont très tôt investi dans Bitcoin et sont désormais multimilliardaires. Ils croient dès 2019 dans les NFT et font l'acquisition de Nifty Gateway, une plateforme d'achat et de vente de tokens non fongibles en tout genre, qui se place désormais en première position, les autres acteurs importants étant OpenSea, Rarible, SuperRare. Sur ces plateformes, comme OpenSea, la plus généraliste, on peut vendre des CryptoPunks, le token de Decentraland, des cartes Sorare, etc., les prix étant fixés par la rencontre de l'offre et la demande. Binance, qui ne veut pas être en reste, lance sa plateforme NFT en juin 2021. Les sites d'information nonfungible.com ou CryptoSlam recensent les ventes par catégories.

Signalons une autre catégorie de NFT, les « utilitaires ». Cette famille regroupe les services ayant pour fonction d'aider les utilisateurs, l'un des plus connu étant *Ethereum Name Service* (ens.domains), qui consiste à simplifier les adresses publiques des portefeuilles en les transformant en noms faciles à retenir (votre portefeuille, dont l'adresse est 0xJFJSxf32R5fdsfjz..., deviendra par exemple jaimelesnft.eth).

Les NFT permettent de monétiser des actifs nativement digitaux, et cela ne concerne pas que les œuvres d'art numériques ou les éléments de jeux, les potentialités sont gigantesques. Plusieurs célébrités se sont engouffrées dans cette opportunité et, par exemple, Jack Dorsey, le fondateur de Twitter, a vendu le NFT associé à son premier tweet (« *just setting up my twttr* », le 21 mars 2006) pour 2,9 millions de dollars, le joueur de football Pelé a vendu le NFT d'une vidéo compilant certaines de ses meilleures actions (ces sommes ont été versées à des fondations), et d'autres célébrités s'y sont mises comme Paris Hilton, Eminem, Lindsay Lohan, etc. Les chaînes de fast-food McDonald's France et Taco Bell ont aussi lancé leurs NFT...

L'effet de mode est indéniable, comme les ICO en leur temps, mais une nouvelle économie prend forme, assurément.

Les promesses de la tokenisation

2021 s'inscrit certainement comme l'année où les NFT auront émergé en pleine lumière. La très dynamique et imaginative finance décentralisée ne pouvait pas passer à côté. Ainsi, le protocole Aave (AAVE) a créé les Aavegotchi, des petits personnages numériques (des fantômes) dotés de traits de caractère. Un token a été lancé (le Ghost, GHST) permettant de leur acheter de la nourriture et des équipements… On reste ici dans la logique des CryptoKitties, mais avec un écosystème plus développé.

Les connexions entre les deux univers – la DeFi et les NFT – sont aussi plus profondes. Par exemple, le DAI est utilisé pour acheter des NFT, notamment sur la plateforme OpenSea, comme l'explique l'un de ses cofondateurs Devin Finzer : « Le DAI est un composant essentiel de l'écosystème DeFi et NFT. Nous avons constaté que son utilisation est particulièrement utile lors de la tarification d'actifs de grande valeur, tels que l'art numérique et les actifs physiques. Un domaine où les fluctuations du prix d'autres devises telles que l'ETH peuvent avoir un impact important. » Le DAI est aussi utilisé par la plateforme Foundation (foundation.app) qui offre la possibilité de monétiser le travail des artistes, que ce soit sous la forme de préventes pour en financer la réalisation, ou pour vendre leurs œuvres. Il existe même la possibilité de conserver un droit de commission automatisé sur les transactions ultérieures de ces jetons NFT (lors d'une revente ultérieure, l'artiste touche une commission).

La finance décentralisée réalise les promesses de la blockchain dans la finance, la tokenisation réalise ces promesses dans l'économie, du moins dans quelques secteurs pour l'instant. Les ICO financent les projets, les start-up (le futur), les STO les actifs existants, créés avant comme l'immobilier (le passé), les NFT rendent possible la création d'actifs, éléments de jeu ou d'œuvres d'art numériques (le présent).

Les promesses de la blockchain sont la transparence (les transactions sont publiques), l'immutabilité (personne ne peut annuler une transaction), la rapidité (grâce à la dématérialisation), l'infalsifiabilité (impossible de créer de faux tokens, d'en créer secrètement, d'en faire disparaître). Toutes ces qualités amènent de la liquidité (facilité à acheter et vendre sans faire bouger les prix) et de l'efficience (l'information nécessaire à la formation des prix est publique), nous avons affaire à un marché presque parfait, en tout cas nettement plus efficace et équitable que les processus existants, plus ou moins opaques.

La conséquence de cette « blockchainisation » est une désintermédiation massive (ou ubérisation). À l'instar des banques qui sont court-circuitées par la DeFi, la tokenisation met hors-jeu (ou les oblige à se redéfinir en profondeur) les fonds de capital-risque (pour les STO), les structures classiques d'investissement immobilier (pour les STO), les galeries et un « marché » de l'art largement envahi par les délits d'initiés (les NFT d'œuvres d'art). On assiste à un effacement de la frontière entre le particulier et le professionnel, du moins ce dernier doit-il s'adapter et se remettre en cause.

Nous allons ainsi vers une « économie P2P » (*peer to peer*), de pair à pair, d'individu à individu, sans le filtre de tiers de confiance gardant pour eux une grande partie de l'information, et le faisant payer cher, et sans structures hiérarchiques restreignant notre liberté. La DeFi et la tokenisation de l'économie n'en sont qu'à leurs débuts, de nombreux autres secteurs vont être impactés dans les années qui viennent.

Chapitre 8

Un bitcoin à 500 000 ou un million d'euros ? Les causes de la hausse du cours

Un tel titre peut sembler délirant, un dicton boursier dit que « Les arbres ne montent pas jusqu'au ciel ». Eh bien si justement, parce qu'il s'agit d'une monnaie et pas de quelque chose de matériel. Une entreprise, même numérique, atteint toujours des limites. Quand presque toute la population mondiale est sur Facebook, il faut trouver des relais de croissance (comme le Diem). Mais une monnaie, si elle est demandée, peut littéralement monter jusqu'au ciel, et ça a été le cas de l'or durant l'épisode d'hyperinflation qu'a connu l'Allemagne en 1923, ceux qui en possédaient ont été parfaitement protégés de l'explosion des prix. À un demi-million de dollars, Bitcoin pèserait autant que l'or (environ 10 000 milliards de dollars), et cela n'a rien d'inconcevable. Alors comment expliquer la progression de son cours ? Jusqu'où peut-il aller ? Tentons de répondre à ces questions.

Une utilisation croissante

Une première cause de la hausse du cours du bitcoin vient de son usage croissant comme moyen de paiement dans de nombreux pays émergents. C'est un élément que nous pouvons avoir du mal à appréhender en Europe : l'euro fait l'objet de critiques, mais malgré tout il s'agit d'une monnaie stable, qui subit peu d'inflation, dont le cours varie de façon modérée par rapport aux autres grandes devises, et lentement, ce qui laisse le temps à chacun de s'y adapter. D'autre part, chacun peut convertir la somme qu'il souhaite dans une autre devise. Cela nous semble naturel, évident, mais il s'agit en réalité d'un privilège assez rare dans le monde. Les Américains du Nord, les Australiens et les Japonais peuvent en dire autant, ensuite c'est plus compliqué. Les pays qui dépendent de la vente de matières premières, notamment du pétrole, voient leur devise chuter lorsque les cours se replient (Moyen-Orient, Russie, certains pays d'Afrique et d'Amérique du Sud), de nombreux pays n'ont pas d'infrastructures de paiement modernes (Afrique), des monnaies sont manipulées et détruites dans l'hyperinflation par des pouvoirs interventionnistes (Venezuela, Zimbabwe en 2000), des pays comme l'Inde font une guerre contre le cash pour obliger la population à se bancariser et à payer ses impôts, et dans la plupart des pays de la planète, il sévit un contrôle des changes plus ou moins strict qui limite le pouvoir de chacun d'acquérir d'autres devises (ou alors à un cours officiel surévalué).

En cas d'effondrement de la devise nationale ou de contrôle des changes, le dollar sert souvent de seconde monnaie afin de faciliter les échanges (notamment en Amérique du Sud). Mais, justement, Bitcoin commence à se faire sa place. Par sa facilité d'utilisation, puisqu'il suffit d'un portefeuille sur un Smartphone, il permet d'effectuer des paiements sûrs et instantanés, et il franchit sans problème les frontières. On note de plus en plus d'utilisateurs du Bitcoin dans les pays qui subissent une forte inflation et une sévère dépréciation de leurs devises, comme l'Argentine ou le Venezuela. Au Nigeria, selon le site NewsBTC, plus de 100 000 marchands acceptent le Bitcoin : face à un système de paiement peu développé et à une monnaie (le naira) à l'évolution erratique, les Nigérians sont en train de trouver une solution efficace ; ne doutons pas qu'ils seront suivis par d'autres, en Afrique et ailleurs. En Europe ou aux États-Unis, le paiement en bitcoins relève plus de l'anecdote ; cependant, dans le futur, une perte de confiance dans la monnaie suite à une nouvelle crise financière de type 2008 ou au retour de l'inflation pourrait les favoriser.

Le Bitcoin permet aussi d'effectuer des virements transfrontaliers à moindre coût, nettement inférieurs aux circuits traditionnels (banques ou acteurs spécialisés). Dans ce cas, le Bitcoin peut simplement servir d'interface (euros changés en bitcoins, qui sont envoyés dans le pays de destination puis immédiatement changés en monnaie locale), ou il peut être gardé en tant que tel si la monnaie locale n'inspire pas confiance. Avec le paiement et le virement, voici déjà deux briques de base d'un service bancaire. Et la capacité à garder ses bitcoins sur un *wallet* (portefeuille) installé sur un Smartphone fait office de compte courant. On estime que plus du tiers de la population mondiale n'est pas bancarisé, et l'usage exclusif du liquide constitue évidemment un puissant frein au développement économique.Voilà comment le Bitcoin et la DeFi permettent de bancariser facilement des populations délaissées par les réseaux bancaires !

Le Bitcoin n'est pas qu'un moyen de paiement et de virement, c'est aussi un placement. L'un ne va pas sans l'autre, mais ce n'est pas automatique pour autant. Expliquons-nous. Ceux qui utilisent Bitcoin pour effectuer des transactions doivent, par définition, en détenir une certaine quantité (comme un compte courant dans une banque). Comme ils se rendent compte que le cours est globalement orienté à la hausse, ils en déduisent qu'il est judicieux d'y placer une partie de leur épargne. Mais l'inverse n'est pas automatique : on peut choisir de détenir des bitcoins sans pour autant les dépenser. C'est le cas des Américains, des Européens, des Asiatiques pour qui le Bitcoin constitue un nouveau placement intéressant, sans qu'il y ait d'intérêt à l'utiliser dans la vie courante. L'arrivée des investisseurs institutionnels à partir de 2020 renforce la crédibilité du Bitcoin comme réserve de valeur. Enfin la blockchain, qui permet d'implémenter différents services (DeFi, ICO, STO, NFT), confère une valeur croissante à l'écosystème des cryptomonnaies.

Il est difficile d'estimer le nombre d'utilisateurs et de détenteurs de bitcoins ou d'autres cryptomonnaies. Le nombre de portefeuilles actifs donne une image tronquée, une personne qui a ouvert un compte sur une plateforme d'échange ne dispose pas d'un portefeuille en propre, les cryptomonnaies qu'il a achetées se trouvent sur celui de l'*exchange*. L'estimation la plus reconnue est celle du Global Cryptoasset Benchmarking Study de l'université de Cambridge, dont le dernier rapport est paru en septembre 2020. L'analyse ne se limite pas au nombre de portefeuilles existants, sachant qu'une personne peut en détenir plusieurs, mais cherche à déterminer le nombre de comptes ouverts d'après les règles du KYC (c'est-à-dire l'ensemble des obligations légales pour ouvrir un compte). Le rapport considère ainsi que nous avons dépassé la barre symbolique des 100 millions de personnes (101 millions exactement) qui détiennent des cryptomonnaies dans le monde. Un chiffre en forte croissance puisqu'en 2018, dans ce même rapport, nous en étions à 35 millions, et en 2016 à 5 millions. Ce chiffre correspond au nombre d'utilisateurs d'Internet en 1997 (120 millions), la progression des bitcoiners se faisant à un rythme comparable, on peut en prévoir un milliard en 2025.

Selon une étude de Statista (*Global Consumer Survey*, mars 2021), près d'un tiers (32 %) des Nigérians interrogés ont déclaré qu'ils possédaient ou avaient déjà utilisé des cryptomonnaies en 2020, soit le taux le plus élevé des 74 pays couverts par l'enquête. Viennent ensuite le Vietnam (21 %), les Philippines (20 %), la Turquie et le Pérou (16 %), la Suisse (11 %), l'Inde (9 %), la Chine (7 %), les États-Unis et la France (6 %), l'Allemagne (5 %), le Japon (4 %). Les pays émergents à monnaie faible arrivent en tête (le Bitcoin comme moyen de paiement), suivis des nations développées à monnaie stable (le Bitcoin comme placement). Il est vrai que le paiement suscite et développe naturellement un « effet réseau », ce qui n'est pas le cas des thésaurisateurs, où chacun prend sa décision de son côté, sans interaction autre qu'un effet de mode.

Le ratio stock/flux : monnaies dures et monnaies faibles

Venons-en au concept fondamental pour comprendre la spécificité du Bitcoin et l'évolution de son cours : le ratio stock/flux. Il est développé dans *L'étalon Bitcoin* de Saifedean Ammous (*The Bitcoin Standard*, en anglais), considéré comme l'un des livres les plus importants sur Bitcoin. Publié en 2018, il a été traduit dans une vingtaine de langues et est sorti en France en 2019 chez Dicoland.

Saifedean Ammous l'annonce dès le début, il inscrit clairement ses pas dans ceux de l'école autrichienne (Mises, Hayek, Rothbard) et, plus précisément, il part d'une notion développée par ces économistes, le ratio stock/flux. Il a été forgé pour comprendre la spécificité de l'or comme support monétaire. Mesurer les évolutions de l'offre et de la demande pour l'or est bien sûr important pour appréhender les variations de son cours, mais il s'agit d'un point de vue partiel. En effet, la principale fonction de l'or est la thésaurisation, c'est là sa vraie « demande », peut-on dire, il importe donc de s'intéresser au stock total. Il faut donc plutôt voir à quel rythme ce stock est renouvelé, c'est l'objet de ce ratio. Et l'or présente un ratio stock/flux très élevé puisque nous avons un stock de 185 000 tonnes, et un flux (l'or extrait des mines tous les ans) de 3 000 tonnes environ, ce qui donne un ratio de 185 000/3 000 = 62.

Pour Antal Fekete, l'un des grands économistes spécialistes de l'or dans le monde, c'est précisément la raison pour laquelle l'or est universellement accepté comme monnaie. Au-delà de ses qualités propres (rare, durable, facile à reconnaître, etc.), « la raison ultime réside dans le ratio entrées/sorties et comparé aux autres métaux. Le ratio stock/flux de l'or est très élevé, autour de 60, ce qui signifie qu'à ce rythme de production, il faudrait soixante ans, ou deux générations, pour remplacer les stocks actuels. Par exemple, dans le cas du cuivre, il est de 1/4, ce qui signifie que si la production de cuivre est stoppée, il faudrait attendre seulement trois mois de consommation avant que les stocks retombent à zéro. Le monde refuse d'avoir plus de cuivre en stock, sinon cela ferait chuter son cours et aussi son utilité marginale[1]. »

Saifedean Ammous reprend le terme, issu de l'école autrichienne, de « monnaie dure » pour qualifier l'or, parce qu'une augmentation de son prix ne fait pas augmenter, ou très peu, sa production, étant donné qu'il est difficile à trouver et coûteux à extraire, ce qui en conséquence en garantit la valeur. C'est précisément pour cette raison qu'on le choisit comme monnaie, on est assuré qu'il gardera sa valeur avec le temps, sa production ne peut pas significativement augmenter au point de la diluer. Une monnaie dure a un ratio stock/flux élevé. Alors que face à une hausse du prix du cuivre, les producteurs peuvent aisément en augmenter la production, ce qui en fait chuter le prix. Les monnaies en

1. Antal Fekete, *Le Retour au standard or*, Le Jardin des livres, 2011, p. 74.

cuivre (au Moyen Âge) étaient des « monnaies faibles », touchées par l'érosion monétaire, l'inflation, elles servaient juste à l'échange et jamais à la thésaurisation. Les monnaies papier d'aujourd'hui, que ce soit le dollar, l'euro, le yen ou le yuan sont des monnaies faibles, très faibles, puisque leur prix de production est nul, ce ne sont que des lignes de code informatique sur les ordinateurs des banques centrales…

Revenant sur l'histoire monétaire, Ammous explique que l'étalon-or a connu son apogée durant le XIXᵉ siècle en Europe et aux États-Unis, jusqu'à sa suspension en 1914, au début de la Première Guerre mondiale. Cette période a correspondu à la plus forte croissance économique qu'ait connue l'humanité et à la plupart des grandes découvertes scientifiques, le XXᵉ siècle n'en faisant essentiellement que des améliorations (la relativité et la physique quantique datent d'avant 1914). Ensuite, l'étalon-or revient dans l'entre-deux-guerres mais de façon déséquilibrée, notamment parce que les gouvernements refusent de tenir compte de l'inflation causée par la guerre et maintiennent les taux devise/or d'avant-guerre, ce qui provoque des crises. Après la Deuxième Guerre mondiale, les accords de Bretton Woods mettent au point un système bancal qui s'appuie à la fois sur l'or et sur le dollar, « aussi bon que l'or » en théorie, mais le déficit budgétaire américain conduit Richard Nixon à y mettre fin le 15 août 1971, en suspendant la convertibilité entre l'or et le dollar. Depuis, nous sommes dans l'ère des monnaies papier, ou *fiat* (par référence à « que la lumière soit » de la Bible, qui signifie que les États créent de la monnaie par leur seule volonté).

L'étalon-or a échoué, explique Ammous, parce que l'or est difficilement transportable, ou alors de façon coûteuse, il était donc plus intéressant de le stocker dans des banques et que celles-ci émettent des lettres de change et des billets. Le problème est que quand l'or a été suffisamment centralisé…

les États ont pu mettre la main dessus, comme il l'explique : « D'une manière tragique, c'est parce que l'or était centralisé qu'il a pu résoudre les problèmes de cessibilité à différentes échelles ainsi que dans l'espace et le temps. Mais alors il est devenu la proie du problème majeur des monnaies dures, mis en relief par les économistes du XXe siècle : la souveraineté des individus sur la monnaie et leur résistance au contrôle étatique centralisé[2]. »

Les États, eux, préfèrent une monnaie à leur main, qu'ils peuvent fabriquer et distribuer afin de plaire au plus grand nombre : « La monnaie facile autorise les États à acheter l'allégeance et la popularité en dépensant pour satisfaire les désirs du peuple sans avoir à lui présenter la note. L'État augmente tout simplement l'offre de monnaie pour financer les idées farfelues, et le vrai coût de ces initiatives est ressenti par la population seulement quelques années plus tard quand l'inflation de l'offre monétaire entraîne les prix à la hausse[3]. »

Ammous dit très justement que « la gestion de la masse monétaire [par le gouvernement], c'est le problème qui se fait passer pour la solution ; c'est le triomphe de l'espoir et des émotions sur la raison froide ; c'est la racine de toutes les politiques de subvention vendues à des électeurs crédules. Elle fonctionne comme une drogue extrêmement addictive et destructive, telle que la méthamphétamine ou le sucre : elle cause une belle euphorie au début, faisant croire à sa victime qu'elle est invincible, mais dès que l'effet diminue, la descente est dévastatrice et la victime en demande plus. C'est alors qu'un choix doit être fait : soit souffrir des effets du sevrage de l'addiction, soit prendre une autre dose, reporter d'un jour le moment de rendre des comptes, et entretenir de lourds dégâts à long terme. »

---

2. Saifedean Ammous, *L'étalon Bitcoin*, Dicoland, 2019, p. 37.
3. *Ibid*, p. 157.

Friedrich Hayek avait compris le problème et a suggéré cette solution : « Je ne crois pas que nous aurons à nouveau une bonne monnaie avant que nous ne reprenions la chose des mains du gouvernement[4]. » C'est ce que réalisera Bitcoin.

Bitcoin, la monnaie la plus dure jamais inventée

Le fondateur du Bitcoin, Satoshi Nakamoto, a placé ses pas dans ceux de l'école autrichienne et de sa défense d'une « monnaie dure ». En limitant l'offre à 21 millions de bitcoins, il a montré que la quantité de monnaie n'est au fond pas pertinente, ce qui importe c'est son pouvoir d'achat, n'importe quelle taille convient du moment qu'elle est très divisible (8 chiffres après la virgule), et qu'elle n'augmente pas.

La quantité de monnaie en circulation dans l'économie ne doit pas augmenter au même rythme que la croissance du PIB, comme le pensent les monétaristes (Milton Friedman), ni plus vite comme le souhaitent les keynésiens, elle doit être fixe, comme l'affirment les économistes autrichiens. Dans ce cas, les prix des biens baissent sous l'effet de la concurrence et du progrès technique, comme on l'a vu dans les dernières décennies du XIXe siècle, mais cette déflation modérée n'a rien d'inquiétant, au contraire, elle signifie un véritable accroissement du pouvoir d'achat.

Et Bitcoin, c'est encore mieux que l'or. Alors que l'on extrait encore régulièrement de l'or des mines, avec une stricte limitation à 21 millions de tokens, « Bitcoin est la monnaie la plus dure jamais inventée : l'accroissement de sa valeur ne peut tout simplement pas augmenter son offre ; il sert uniquement à rendre le réseau plus sûr et immunisé

---

4. *Ibid.*, p. 77.

contre les attaques[5] ». Les mineurs profitent de la hausse de son cours afin de renforcer la sécurité du réseau, et c'est tout. Comme le fait justement remarquer Ammous : « Si Bitcoin avait été doté d'une politique monétaire laxiste, comme un économiste keynésien ou monétariste l'aurait recommandé, il aurait vu sa masse monétaire croître en proportion du nombre d'utilisateurs ou de transactions, mais dans ce cas, il serait resté une expérience marginale partagée en ligne par des cryptographes passionnés[6]. » Pur réseau décentralisé, Bitcoin permet de libérer la monnaie de l'emprise de l'État : « La signification de cette invention est que pour la première fois depuis l'émergence de l'État moderne, les individus disposent d'une solution technique pour échapper au poids financier de leurs États[7]. » C'est la liberté et l'autonomie que procure l'or qui deviennent à nouveau possibles. Enfin, avantage déterminant par rapport à l'or, il n'y a pas de problème de transport puisqu'il s'agit d'un bien numérique, le Bitcoin échappera donc à ce qui a compromis l'étalon-or, la centralisation, puis le contrôle étatique.

Saifedean Ammous relie le concept de monnaie dure à la notion de préférence temporelle qui est le ratio de la valorisation du présent par rapport à celle du futur par les individus (valeur du présent/valeur du futur) : si ce ratio est élevé, nous privilégions nettement le présent par rapport au futur et inversement, s'il est bas, nous nous projetons dans l'avenir. Il s'agit d'une notion quasiment anthropologique : « Notre préférence temporelle plus réduite nous permet de freiner nos instincts basiques et animaliers, de penser à ce qui est meilleur pour notre futur et agir rationnellement plutôt

---

5. *Ibid.*, p. 181.
6. *Ibid.*, p. 193.
7. *Ibid.*, p. 210.

qu'impulsivement[8]. » Dans ce cadre, « l'importance d'une monnaie dure [qui a une préférence temporelle très faible] s'explique par trois raisons :

• En premier, elle protège la valeur à travers le temps, ce qui laisse aux individus la liberté de penser leur avenir et réduit leur préférence temporelle. La réduction de la préférence temporelle est ce qui initie le processus de civilisation humaine et permet aux humains de coopérer, prospérer et vivre en paix.

• En deuxième, la monnaie dure offre au commerce une unité de compte stable facilitant l'extension des marchés, hors de tout contrôle et coercition des États. Et avec la liberté du commerce viennent la paix et la prospérité.

• Enfin, une monnaie dure est une condition essentielle de la libération des individus de toute forme de despotisme et de répression car la capacité d'un État coercitif à frapper monnaie peut lui accorder des pouvoirs indus sur ses sujets, un pouvoir qui, par nature, projette les moins méritants et les plus immoraux à sa tête[9]. »

On le voit, plus que d'économie, il s'agit d'un choix de civilisation, et c'est tout l'intérêt de l'ouvrage de Saifedean Ammous de poser le problème à ce niveau. Et cette dureté va augmenter comparativement aux monnaies papier dont les planches à billets sont relancées comme jamais – on l'a vu suite à la crise du coronavirus. Ainsi, Bitcoin est « la meilleure réserve de valeur jamais inventée. Pour le dire autrement, Bitcoin est le moyen le moins cher d'acheter le futur parce qu'il est le seul médium garanti contre l'érosion quelle que soit la hausse de sa valeur[10]. » La formule frappe – « *le moyen le*

---

8. *Ibid.*, p. 80.
9. *Ibid.*, p. 79.
10. *Ibid.*, p. 208.

moins cher d'acheter le futur » – mais elle montre toute la force que possède Bitcoin. Ammous l'affirme, « l'histoire montre que vous ne pouvez pas vous isoler de ceux qui détiennent une monnaie plus dure que la vôtre[11] », mais il n'en tire pas explicitement la conclusion à propos du Bitcoin, ou alors il nous laisse la deviner : ceux qui commercent, travaillent, épargnent en bitcoins prendront un avantage régulier et décisif par rapport à ceux qui usent des monnaies *fiat*.

Ratio stock/flux et cours

Un ratio stock/flux élevé signifie que l'actif va être utilisé comme une réserve de valeur car son cours est insensible au niveau de production. Si le cours de l'or double, il est extrêmement difficile de doubler sa production, et c'est impossible pour Bitcoin. À l'inverse, le prix des métaux ayant un ratio faible est très dépendant du niveau de la production : si la production de palladium (ratio 1,1) est multipliée par 2, son prix va certainement être divisé par 2. Si des gens se mettent à stocker le palladium, voulant en faire une réserve de valeur, les producteurs vont augmenter la production pour empocher plus de profit, et ainsi faire chuter son prix ; en conclusion, le palladium ne peut pas être une valeur refuge. On peut étendre ce raisonnement aux matières premières énergétiques comme le pétrole, ou alimentaires comme le blé ou le lait, qui ont un ratio stock/flux très faible, et sont donc très dépendantes du niveau de production. Une mauvaise récolte de blé au niveau mondial fait exploser son prix. À l'inverse, l'immobilier constitue une valeur refuge car son ratio stock/flux est élevé.

---

11. *Ibid.*, p. 37.

On comprend alors qu'un actif dont le ratio stock/flux est élevé va être demandé comme réserve de valeur, et que si ce ratio augmente, sa demande va elle aussi augmenter, et donc son cours. Autrement dit, sa fonction de valeur refuge suscite de plus en plus de demande, mais sa *rareté* augmente, en conséquence son cours progresse. Voici le scénario pour Bitcoin, dont le ratio stock/flux augmente au fur et à mesure des *halvings*.

Faisons quelques calculs. Quel était ce ratio stock/flux pour Bitcoin jusqu'en mai 2020 ? Nous avions 18 millions de bitcoins en circulation, 12,5 bitcoins étaient créés toutes les 10 minutes (la récompense pour les mineurs), soit 1 800 par jour (24 heures × 6 × 12,5), et donc 657 000 par an (1 800 × 365). Ce qui nous fait un ratio de 18 000 000/657 000 = 27 (proche de l'argent métal, 22). Mais ce ratio a précisément changé au mois de mai 2020 avec le *halving* qui a passé la récompense de 12,5 à 6,25 bitcoins. Le flux se tarit, il est divisé par deux (900 bitcoins créés par jour au lieu de 1 800), le ratio passe d'un coup à 52. À ce niveau, il est très proche de celui de l'or (un stock de 185 000 tonnes et un flux annuel d'extraction minière de 3 000 tonnes environ, soit un ratio de 185 000/3 000 = 62).

Peut-on relier le ratio stock/flux du Bitcoin avec son cours ? Précisons d'ailleurs un principe d'analyse essentiel : il ne faut pas se focaliser sur le cours du Bitcoin, mais sur sa capitalisation (son cours multiplié par le nombre de bitcoins en circulation), c'est-à-dire son poids réel. Puis comparer ce poids à celui des grands actifs (or physique, dette américaine, etc.), parce qu'il les concurrence.

Sur un graphique représentant le ratio et la capitalisation totale, l'approximation semble très bonne (voir page suivante).

La rareté du Bitcoin[12]

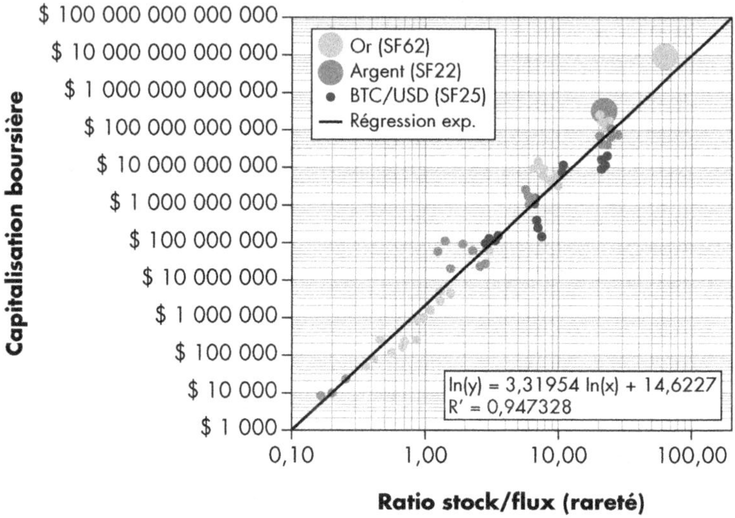

Il s'agit d'un graphique logarithmique (l'écart entre 1 000 et 10 000 est le même qu'entre 1 milliard et 10 milliards) afin de représenter les petites valeurs, qui autrement seraient écrasées. Le gros point gris clair représente l'or (ratio de 62 sur l'axe des abscisses, 9 000 milliards de dollars de capitalisation sur l'axe des ordonnées), le gros point gris foncé est l'argent (ratio de 22). La multitude de petits points représente le bitcoin tous les mois, entre décembre 2009 et février 2019. Au début, le bitcoin est en bas à gauche (ratio faible), puis il monte progressivement vers le haut à droite pour se trouver (en février 2019) au niveau de l'argent. Depuis le *halving* de juin 2020, il est presque au niveau de l'or (52). Ce que nous

12. On pourra retrouver ce graphique et son analyse dans « Modeling Bitcoin Value with Scarcity », PlanB, Medium.com, 22 mars 2019, et dans « Le Bitcoin, la monnaie la plus dure du monde », Ludovic Lars, Cryptoast.fr, 22 octobre 2019. Pour suivre ce ratio en direct, on s'abonnera au compte Twitter de PlanB @100trillionUSD.

dit ce graphique c'est que plus le ratio stock/flux augmente, plus la valeur (mesurée par la capitalisation) progresse. Et globalement, on constate une remarquable corrélation entre le ratio stock/flux du bitcoin et son cours (le coefficient de corrélation est de 94,7 %).

L'équation de cette droite de régression est :

$$\mathrm{Ln}(y) = 3{,}31954 \ln(x) + 14{,}6227$$

Plus facile à manier, on peut en déduire cette équation qui donne le prix du bitcoin en fonction de son ratio stock/flux :

$$Y\ (\mathrm{USD}) = \exp(-1{,}84) \times \mathrm{SF}3{,}36$$

avec :
$\exp(-1{,}84) = 0{,}1588$ (exponentielle de $-1{,}84$)
SF (ratio, ici 27) exposant 3,36 = 64 473

Ce qui donne, juste avant le *halving* de juin 2020, un cours de 10 238 dollars, soit assez proche du cours de l'époque (9 467 dollars le 1er juin). Depuis le *halving* de mai 2020, le ratio stock/flux est passé à 52 et en refaisant ce calcul, on obtient un cours de 92 602 dollars, qui devrait donc être le cours moyen pour la période 2020-2024[13]. Après le *halving* de 2024, le ratio passe à 113 et on obtient un bitcoin à 1,2 million de dollars l'unité (soit environ 25 000 milliards de dollars de capitalisation), il aura ainsi sans doute dépassé l'or (10 000 milliards de dollars en 2020), mais il sera encore derrière le premier actif financier du monde, la dette fédérale américaine (28 000 milliards de dollars en 2020). Cependant l'histoire ne sera pas terminée.

---

13. Une autre façon de représenter ce lien entre ratio stock/flux et cours peut être vue sur le site lookintobitcoin.com, rubrique Charts puis Stock-to-Flow Model.

Même s'il s'avère très convaincant, il ne faut cependant pas croire aveuglément ce modèle, ne serait-ce que parce qu'il indique qu'au fur et à mesure des *halvings*, le cours du bitcoin va tendre vers l'infini… on comprend qu'il y a un problème. Ce modèle a une faille, ou plutôt un présupposé : la demande est impliquée par la rareté, on suppose qu'elle augmente au même rythme (à chaque *halving*), elle est dépendante, elle n'est pas une variable en soi. Or, considérer que la demande n'est pas une variable est une erreur : elle dépend de la volonté humaine, des choix et des décisions des individus, de leur liberté. Tout, finalement, dépend de l'adoption du Bitcoin, de sa progressive diffusion sur la planète, de sa reconnaissance, de la confiance qu'il inspire, de son adoption comme moyen de paiement, du nombre d'épargnants qui décideront d'en consacrer une partie de leurs avoirs. Ceci ressort du libre arbitre de chacun, pas d'une équation.

Mais cette adoption croissante, on la constate depuis le début, on peut donc être optimiste. Comment un cours peut-il autant monter ? Nous avons cité le dicton « Les arbres ne montent pas jusqu'au ciel », mais le Bitcoin n'est pas une action (une entreprise atteint toujours une limite), ni une matière première (un prix trop élevé fait chuter sa consommation), mais une monnaie. Si personne ne l'utilise (comme au début), elle ne vaut rien. Si elle devient une devise importante au niveau mondial, utilisée par des milliards de personnes, pour des transactions comme pour la thésaurisation, son cours peut atteindre des sommets.

Mark Yusko, le fondateur du *hedge fund* Morgan Creek Capital Management, fait cette très pertinente remarque dans un tweet du 18 septembre 2017 : « Le seul vrai pari ? Savoir si le Bitcoin allait véritablement pouvoir passer de 0 à 100 dollars – ce qui est déjà un vrai miracle. Mais passer ensuite de

4 000 à 40 000 dollars ou 400 000 dollars, ça, c'est facile[14]. » On prend ici le problème à l'envers : le miracle c'est l'invention du Bitcoin puis son développement auprès des premiers geeks convaincus, puis la démonstration de sa fiabilité et de son potentiel, ensuite cette idée géniale ne peut que percer. En achetant du Bitcoin, on investit dans un nouveau paradigme.

Le risque d'étouffement par les États

Le cours du Bitcoin peut être sérieusement affecté par l'intervention de l'État, voyons-en les risques. Il semble peu probable que les États veuillent un jour l'interdire purement et simplement, la plupart lui ayant déjà fourni un cadre juridique favorable. Incarnant l'innovation, la technologie et Internet, les cryptomonnaies et la blockchain constituent de puissants vecteurs de croissance. D'autant que cette économie est très facilement délocalisable, un pays qui l'interdirait verrait simplement fuir à l'étranger ses entreprises spécialisées dans ce domaine et les gros détenteurs. Cependant, ce qui peut se produire, c'est un étouffement progressif à coups de réglementations tatillonnes, de fiscalité confiscatoire et d'entraves aux projets trop disruptifs remettant en cause certaines professions réglementées et proches du pouvoir comme les banques. Ce risque doit être pris en compte, il influerait évidemment négativement sur le cours.

On connaît les caractéristiques de base de Bitcoin : absence d'autorité centrale ou de tiers de confiance (pas de banque centrale), aucune permission requise (tout le monde peut l'utiliser, il suffit d'une connexion Internet), la résistance à

14. « Pourquoi une prédiction à 1 million de dollars par Bitcoin n'est pas si farfelue », crypto-france.com, 20 novembre 2017.

la censure (personne ne peut intercepter ou interdire une transaction), la résistance à l'inflation (21 millions de tokens et pas plus, impossibilité de faire de la planche à billets). Ces caractéristiques sont précisément l'inverse de celles du système financier dans lequel nous vivons où les monnaies dépendent d'une banque centrale, où l'on doit s'enregistrer pour bénéficier des services bancaires, où les transactions peuvent être annulées, et surtout où la planche à billets peut tourner à plein régime comme en ce moment sans que nous, les utilisateurs, les épargnants, n'ayons notre mot à dire. La confrontation de ces deux systèmes ne peut que générer des frictions, au minimum, et possiblement un mécanisme de défense plus ou moins important de l'État dont le financement dépend étroitement du système financier actuel.

L'État exerce son autorité sur une population et un territoire donné, et il n'aime pas du tout la concurrence. Il impose notamment un monopole monétaire dont il tire un grand profit en levant l'impôt, en contrôlant les capitaux et en s'endettant quasiment sans limite, on le voit actuellement. La planche à billets de la banque centrale profite d'abord à l'État, mais celle-ci ne fonctionne que grâce au monopole et à l'obligation par les agents économiques d'utiliser la devise nationale. S'ils basculent sur le Bitcoin, le pouvoir magique de la planche à billets s'estompe…

L'existence du Bitcoin réactive ainsi le combat séculaire entre les défenseurs de la liberté et les partisans de l'autorité, il importe donc d'estimer de quel côté va pencher la balance afin d'évaluer si son cours va continuer de progresser. L'action de l'État dans ce domaine se fait à travers la réglementation. Il ne s'agit pas seulement pour lui d'intégrer Bitcoin à la législation existante, ce qui serait un moindre mal, mais de lui consacrer une réglementation spécifique. Attention danger ! Aujourd'hui on note une nette tendance à la prolifération réglementaire concernant les cryptomonnaies, que ce soit en Europe, aux États-Unis, en Asie ou en Afrique. Tous les prétextes sont bons pour accuser les cryptomonnaies : le trafic de drogue, le financement du terrorisme, le blanchiment d'argent, quand ce n'est pas la protection des épargnants, ce qui est risible quand on sait comment la planche à billets détruit la valeur de la monnaie… Faut-il pour autant prévoir une « guerre réglementaire » contre Bitcoin, il est encore trop tôt pour le dire. Les États ne peuvent pas laisser Bitcoin prospérer comme si de rien n'était, mais peuvent-ils réellement le contraindre et freiner son développement ? Ce n'est pas évident.

Les premières législations ont concerné les plateformes d'échange, qui permettent précisément de passer des monnaies *fiat* (les devises nationales) aux cryptomonnaies. Il ne fallait pas que des particuliers ou des entreprises puissent acheter du Bitcoin sans que l'État – le fisc notamment – ne soit au courant. Le KYC impose aux plateformes de vérifier l'identité de leurs clients, leur adresse personnelle, leur compte bancaire. Concrètement, il est devenu quasiment impossible d'acheter des bitcoins de façon anonyme.

L'autre aspect réglementaire est la taxe sur les plus-values. En France, l'utilisateur doit déclarer la plus-value qu'il a réalisée lorsqu'il vend tout ou partie de ses cryptomonnaies et qu'il rapatrie les euros ainsi obtenus sur son compte bancaire. Mais légalement, il devrait aussi le faire lorsqu'il paye en bitcoins chez un commerçant ou sur un site Internet, car ici aussi une partie de ses bitcoins sont transformés en euros.

On voit bien que formellement le commerce en cryptomonnaies n'est quasiment pas possible, l'application stricte de la taxe sur les plus-values bloque l'utilisation de Bitcoin comme moyen de paiement (il en va de même pour l'or). Pour l'instant, les volumes étant faibles, nous sommes dans un flou juridique, une tolérance implicite, mais à l'avenir cela pourrait changer.

L'envolée du cours du Bitcoin à la fin 2020 et au début 2021 a incité les autorités monétaires et bancaires à s'intéresser de nouveau aux cryptomonnaies et à leur statut légal, et les choses ne vont pas forcément dans le bon sens si l'on en juge par la déclaration de Christine Lagarde, la présidente de la Banque centrale européenne : « Il doit y avoir une réglementation. Elle doit être appliquée et convenue. Il s'agit d'un sujet sur lequel nous devons nous mettre d'accord au niveau mondial, car s'il y a une échappatoire, cette échappatoire sera utilisée. […] Si cela montre quoi que ce soit, c'est que la coopération mondiale (l'action multilatérale) est absolument nécessaire. Que celle-ci soit initiée par le G7, intégrée par le G20 et élargie par la suite, mais c'est quelque chose qui doit être résolu. » (Reuters, le 13 janvier 2021). Il ne doit pas y avoir « d'échappatoire », voilà qui va dans le sens d'un durcissement de la réglementation…

Quelles réglementations pourraient être renforcées dans les mois et les années qui viennent ? On peut prévoir un durcissement des règles de KYC (informations sur le client) et des normes anti-blanchiment. Une idée qui fait son chemin est la « *travel rule* » (« règle du voyage ») qui impose aux plateformes de vérifier l'adresse de retrait de leurs clients (les cryptomonnaies qu'ils transfèrent de leur compte vont-elles sur leur ordinateur, leur portefeuille *online*, ou un autre compte, et si oui, appartenant à qui ? Et les virements en euros, vont-ils bien sur leur compte bancaire ?). Cette règle est poussée par le GAFI (Groupe d'action financière) et aux États-Unis par le FinCEN, elle suscite une forte opposition de la communauté crypto car elle aboutirait à une surveillance généralisée des mouvements de cryptomonnaies. Ensuite, une réglementation contraignante (le KYC, notamment) pourrait s'étendre à tous les services qui acceptent et utilisent les cryptomonnaies comme les sites Internet, les boutiques physiques, en en dissuadant ainsi un certain nombre d'accepter finalement ce mode de paiement.

Enfin, plus grave, une réglementation concernant le minage pourrait être mise en place. Ce serait le cœur de Bitcoin qui serait alors visé. Depuis le début, les mineurs bénéficient d'une liberté totale, mais à l'avenir ils pourraient recevoir une liste noire de transactions à ne pas miner (sous prétexte de « terrorisme », « blanchiment », etc.).

Déjà, une société de mineurs nord-américains (Marathon Digital) a proposé le « minage de blocs propres », c'est-à-dire conformes aux standards les plus élevés des réglementations américaines en matière de traçabilité. Un bitcoin qui aurait servi à des transactions illicites ou qui proviendrait du piratage d'une plateforme d'échange (et la blockchain permet justement de suivre ces bitcoins), même il y a plusieurs années, ne serait pas miné. Il risque ainsi d'apparaître deux catégories de bitcoins, les « propres » et les « douteux », ces derniers étant cotés moins cher sur le marché. À terme, la logique même de Bitcoin serait mise à mal et cela pourrait aller jusqu'à un *hard fork* qui séparerait la blockchain en deux, entre celle qui respecte la réglementation et celle qui reste fidèle aux origines, avec deux bitcoins dont chacun perdrait beaucoup en valeur…

À terme, sans aller jusqu'à l'interdiction (finalement très rare sur la planète : Bolivie, Équateur, Bangladesh, Turquie), une bonne façon de tuer quelque chose qui marche est la taxation (nos États savent faire !), ils pourraient ainsi prélever l'impôt directement au niveau du protocole en imposant une taxe fixe sur toutes les transactions (une sorte de TVA), et une taxe sur les montants qui ne bougent pas (une taxe sur le capital). Voilà qui entamerait durablement l'attrait de Bitcoin, et son cours s'en ressentirait durement…

Cependant, ce qui fondamentalement protège Bitcoin d'une législation trop stricte, c'est sa mobilité : si un pays devient trop contraignant, les fonds et l'écosystème iront ailleurs, tout simplement. On le voit déjà pour la France où la bureaucratie a déjà dégoûté de nombreux entrepreneurs et plusieurs « baleines » (gros détenteurs). Seule une action concertée des grands pays occidentaux et des grands pays d'Asie pourrait sérieusement entraver Bitcoin. Une telle unanimité est-elle concevable ? Nous en doutons fortement, il y aurait toujours plusieurs pays qui seraient très heureux d'accueillir les sociétés de ce secteur dynamique.

L'investisseur américain Ray Dalio, qui reconnaît qu'il n'est pas un spécialiste des cryptomonnaies, a affirmé que les États-Unis pourraient interdire Bitcoin comme Franklin Roosevelt a interdit la possession d'or en 1933. Mais l'un des frères jumeaux Winklevoss, Cameron, lui a justement rétorqué que « le bitcoin peut avoir des propriétés similaires à celles de l'or, mais rendre illégal un logiciel décentralisé est un problème bien différent. Cela exige que vous mettiez essentiellement Internet hors-la-loi. » La réglementation constitue donc bien un risque pour Bitcoin, de nouvelles lois pourraient affaiblir le cours temporairement, mais sa mise sous l'étouffoir nous semble largement improbable.

Il ne faut pas céder au pessimisme et se rappeler que Bitcoin a été spécifiquement conçu pour résister à l'intervention étatique, à la « pieuvre » bancaire et à la planche à billets des banques centrales. Il est conçu pour être résilient face à ces menaces. Alors son cours pourra baisser lors d'une attaque ou d'une réglementation plus stricte, mais il ne disparaîtra jamais. On pourrait même dire que si les grands États veulent entraver et étouffer Bitcoin, cela voudra dire que le système monétaire et bancaire est proche de l'effondrement, ce sera donc une raison impérieuse d'en acheter plus !

Il faut aussi convenir que la réglementation a bonne presse qu'elle est une façon de légitimer Bitcoin auprès du grand public, ce qui constitue une des clés de son succès, et de la progression de son cours. Tout est une question d'équilibre entre l'autorité étatique, toujours avide de réglementation, et la défense des libertés individuelles, toujours vivace dans la population, heureusement.

Dans cet esprit, il faut que les adeptes de Bitcoin expliquent qu'il ne s'agit pas seulement de spéculer et de gagner de l'argent, mais aussi d'acquérir une liberté, une autonomie financière, des services diversifiés (DeFi, STO, etc.). Posséder du Bitcoin, au-delà du gain possible que cela représente, permet d'échapper à un krach bancaire, à un blocage des comptes (comme on l'a vu au Liban en 2020 ou à Chypre en 2013), et à une dépréciation de l'euro, inévitable si la planche à billets continue à ce rythme. Bitcoin apporte à son détenteur une sécurité en cas de crise, la possibilité de continuer à effectuer des transactions si les banques sont fermées, d'acheter de la nourriture, tout simplement. Bitcoin c'est du cash « au carré » si l'on peut dire, et lorsqu'on voit l'attachement (justifié) des gens à l'argent liquide, il faut leur expliquer que Bitcoin c'est la même chose, en nettement mieux.

Il faut mettre le grand public de son côté, voici le défi déterminant. En somme, il faut développer la « communauté Bitcoin » en incluant le grand public, les commerçants, les entreprises. Il faut défendre avec Bitcoin un modèle alternatif, plus résilient, ce qui apportera, au final, un gain à l'économie tout entière. Et, espérons-le, même l'État pourrait se laisser convaincre…

L'hypothèse contre-intuitive : Bitcoin est soutenu par l'État profond américain

Reprenons depuis le début. Satoshi Nakamoto crée Bitcoin en 2009, puis il disparaît en mai 2011 en publiant un dernier message sur son forum habituel (« Je suis passé à autre chose ») sans que l'on retrouve sa trace, et il abandonne le million de bitcoins qu'il a accumulé en minant, quasiment seul au début. Dans l'Amérique post 11 septembre 2001 (et même avant), cela me semble totalement incongru, impossible, irrationnel. Alors faisons l'hypothèse inverse : l'État américain (au sens de « l'État profond », le FBI, etc.) est conscient de la perte de valeur du dollar (notamment depuis la crise de 2008 et la planche à billets qui s'ensuit), de la perte de confiance, de la dédollarisation dans plusieurs régions du monde (la Chine et ses alliés régionaux) et il prépare une alternative, Bitcoin, qu'il lance « sous couverture ».

Rappelons en effet que « l'État profond » suit de près ce qui se passe dans ce domaine, ne serait-ce que parce que l'algorithme de hachage SHA-256 qu'utilise Bitcoin a été conçu et rendu public par la NSA (*National Secutity Agency*) en 2001. La cryptomonnaie n'a pas été inventée pendant une séance de brainstorming (ne surestimons pas l'intelligence de ces administrations) mais, à l'évidence, les agences de renseignement faisaient de la veille et, à un moment, en observant les initiatives qui naissaient, des agents se sont dit : « Tiens, voici une idée très intéressante, reprenons-la à notre compte. »

Le dollar fait intimement partie de la puissance américaine, mais s'il suscite de plus en plus la défiance au niveau international, il faut le remplacer, l'objectif c'est la puissance, pas le dollar. Par son fonctionnement (décentralisé, sans banque centrale), Bitcoin créé par nature une confiance optimale au niveau international. Et les autorités américaines propagent un double discours : n'achetez pas de bitcoins (c'est l'argent de la drogue, ça ne repose sur rien, de façon presque trop caricaturale), et dans le même temps elles laissent des fonds, des entreprises, des collectivités en acquérir, ou l'accepter en paiement. Si elles avaient voulu interdire Bitcoin, elles l'auraient déjà fait, maintenant c'est trop tard. Si elles n'avaient pas ce double discours, si elles disaient « OK, vous pouvez en acheter, c'est bien », leur duplicité éclaterait au grand jour et la chute du dollar s'accélérerait, donc seuls les plus malins achèteraient des bitcoins.

Ensuite, c'est vrai, le gouvernement américain ne peut pas manipuler le Bitcoin comme il le fait pour le dollar, sauf qu'il y a tout de même un moyen d'en tirer parti au mieux : c'est d'en devenir le premier pays détenteur au monde. Il faut donc que les particuliers, les sociétés et les entités publiques en achètent... Comme pour l'or au temps de l'étalon-or, le premier détenteur était le pays le plus riche (ce n'est pas la détention d'or qui, en soi, rendait riche, la puissance économique et commerciale se traduisait par un stock important). Et c'est déjà le cas, la plupart des « baleines » (gros détenteurs, ceux qui en ont miné ou acheté des milliers quand il ne valait rien) sont américaines puisque le réseau est né aux États-Unis. Un élément qui pourrait valider cette hypothèse : un jour, comme par hasard, une entité américaine remettra la main sur les clés privées du compte de Satoshi Nakamoto, et voici d'un coup un million de bitcoins en plus aux États-Unis !

Progressivement, le Bitcoin deviendra une monnaie de transaction internationale, sans doute surtout dans le B to B (par exemple, Tesla qui paye ses terres rares à la Chine en bitcoins). Ce qui importe c'est que la puissance économique reste aux États-Unis (Tesla, les GAFA, la primauté technologique, etc.), et si la crédibilité du Bitcoin peut y concourir à mesure que le dollar s'affaiblit, tant mieux. Le dollar continuera de circuler, surtout en interne, dans une version « affaiblie », et le bitcoin sera la monnaie internationale de confiance numéro un dans le monde, ce qui permettra de maintenir le leadership des États-Unis, qui en est le premier détenteur. Ce sera comme au Moyen Âge où le ducat de Venise (jamais rogné, contrairement aux autres monnaies en or) était la monnaie de confiance en Europe et dans le commerce avec le Levant, à côté des autres monnaies en or, argent, cuivre... Le dollar devient une monnaie « rognée », le bitcoin est le nouveau ducat.

Un « signal faible » de cette hypothèse : la banque américaine Citi publie en mars 2021 un rapport expliquant que Bitcoin est susceptible de devenir la « monnaie de choix pour le commerce international[15] ». Dans ce cadre, on peut être très optimiste sur le cours du bitcoin : un million de dollars, c'est-à-dire une capitalisation de 20 000 milliards de dollars, soit la moitié de ce que sera la dette fédérale américaine en 2024, après le prochain *halving*, mais aussi le double de l'or... que plusieurs pays amassent (Chine, Russie, etc.) pour contrebalancer le dollar et asseoir la valeur de leur monnaie : pari perdu, c'est Bitcoin qui s'impose, les Américains prennent à contre-pied leurs adversaires géopolitiques !

La preuve de travail, c'est du solide

Mais si cette hypothèse hardie n'est pas vérifiée, on peut tout de même être optimiste sur le cours. Terminons en effet par une analyse de la preuve de travail (*proof of work*), dont Bitcoin deviendra l'un des rares représentants alors qu'Ethereum est en train de basculer vers la preuve de détention (*proof of stake*). Elle constituera un avantage déterminant pour son futur. Le blog *Vires in numeris* reprend l'analyse du

---

15. « Bitcoin is at a "tipping point", Citi says », Reuters.com, 1er mars 2021.

développeur Eric Voskuil[16], « une des visions les plus claires et les plus pertinentes de tout l'écosystème », et selon lui, contrairement à la preuve de travail, la preuve de détention ne résiste pas convenablement à la censure.

Eric Voskuil revient sur la preuve de travail : « La sécurité des confirmations requiert une autorité pour sélectionner les transactions. Bitcoin confie cette autorité au mineur qui produit la plus grande preuve de travail. Toutes les formes de travail se ramènent à la consommation d'énergie. Il est essentiel qu'une telle preuve soit indépendante de l'historique de la chaîne. Celle-ci peut être appelée la preuve "externe". » Cette résistance à la censure est à comprendre sur la durée, à long terme. Voskuil envisage en effet un Bitcoin arrivé à maturité, utilisé globalement, où la rémunération des mineurs provient essentiellement des frais de transactions et non plus de la création monétaire, puisque l'on sera pratiquement arrivé aux 21 millions.

C'est ce mécanisme des frais de transaction couplé à la preuve de travail qui crée la possibilité de combattre la censure de Bitcoin. Comme l'explique Voskuil : « Dans le cas d'une censure active, les frais peuvent augmenter sur les transactions ne réussissant pas à être confirmées. Ce supplément de frais crée un profit potentiel plus grand pour les mineurs qui confirment les transactions censurées. À un niveau suffisant, cette opportunité produit une concurrence supplémentaire et par conséquent un taux de hachage total croissant. Si la puissance de hachage qui ne censure pas outrepasse celle du censeur, l'imposition de la censure échoue. »

Puisque la preuve de travail est externe à la blockchain, il est toujours possible d'ajouter de la puissance de minage

16. « La preuve de travail résiste mieux à la censure que la preuve d'enjeu », viresinnumeris.fr, 27 juin 2020.

afin de vaincre le censeur : les mineurs les moins regardants et les plus avides de profit se procureront du matériel afin de miner les transactions censurées pour récupérer les frais associés. Ce mécanisme s'applique jusqu'à la résistance à la censure de l'État, ce qui est primordial. En effet, un Bitcoin arrivé à maturité (valant 10, 100 ou 1 000 fois plus cher qu'aujourd'hui) serait une menace directe contre l'État en lui retirant le contrôle de la masse monétaire (la planche à billets) et les transferts de capitaux selon Voskuil. C'est pourquoi l'État aurait tout intérêt à miner lui-même, même dans le cas où il aurait relégué Bitcoin au marché noir. De plus, « seul l'État peut perpétuellement subventionner ses opérations, puisqu'il peut lever l'impôt et profiter de la préservation de son propre régime monétaire ». Même dans ce cas, il suffirait que le niveau des frais des transactions censurés dépasse le niveau que l'État consacre à cette opération de sabordage pour la faire échouer. Cela semble énorme, mais ce ne serait pas infaisable dans le cadre d'une réelle guerre économique entre l'autorité et la liberté. Avec un Bitcoin à un million de dollars, ce scénario fait sens.

Au contraire, la preuve d'enjeu se base sur la possession de tokens, une donnée « interne » à la blockchain. Et comme l'explique Voskuil : « Vaincre la censure n'est pas possible dans un système de preuve d'enjeu, puisque si le censeur a acquis la part majoritaire, il ne peut pas être évincé. » On peut arguer qu'il est très difficile pour un acteur ou un groupe d'acteurs de réunir plus de la moitié des unités de la cryptomonnaie en question. Pour les petites capitalisations, cela n'a rien d'impossible. Pour les plus importantes (Ethereum en l'occurrence), les validateurs sont des êtres humains influençables et, bien qu'ils puissent rester anonymes, il est raisonnable de penser que les plus gros seront désireux de respecter la loi. Par exemple, les grandes plateformes d'échange

(Kraken, Coinbase), qui concentrent le plus grand nombre de tokens ETH, sont clairement identifiées et se plient à toutes les réglementations (identification du client, lutte contre le blanchiment d'argent) pour continuer à exercer.

Ainsi, la preuve d'enjeu ne vaut pas la preuve de travail sur le plan de la sécurité, ou plus exactement de la résistance à la censure, notamment celle venant d'un acteur étatique puissant. Bitcoin possède l'arme, qui lui permettra, lorsqu'il sera très puissant, de résister à la censure d'un État, quel qu'il soit.

Chapitre 9

Quelle stratégie d'investissement ?

Comment investir dans les cryptomonnaies ? Voici quelques éléments et repères.

PRIVILÉGIER LE BITCOIN

Il faut consacrer au moins la moitié de son portefeuille au Bitcoin, ou même les trois quarts, et pourquoi pas la totalité si l'on est « *Bitcoin Maximalist* ». Cette proportion s'appuie sur une réalité, celle du poids du Bitcoin par rapport à l'ensemble des cryptomonnaies, ce que l'on nomme la « Bitcoin dominance », qui évolue entre 75 % et 50 % (tapez ce terme sur Google pour le suivre), ce dernier pourcentage étant atteint lorsque les *altcoins* (les « autres » cryptomonnaies) connaissent une embellie. Suivant ce même principe, on peut aussi mettre de l'Ethereum (20 % environ) ; après c'est plus complexe, nous y reviendrons. On prend ainsi un minimum de risque en sélectionnant le leader incontesté de la réserve de valeur et des transactions (Bitcoin) et le champion des services blockchain (Ethereum).

L'hypothèse qu'Ethereum puisse un jour dépasser Bitcoin ne doit pas être écartée du revers de la main, disons que si une cryptomonnaie peut ravir la première place au fondateur, c'est lui. En devenant « l'ordinateur mondial » sur lequel se greffent de plus en plus de projets, et en continuant de distancer ses concurrents, la plateforme de Vitalik Buterin peut gagner en valeur, encore et encore… Mais de toute façon, les projets ne sont pas comparables, Bitcoin est la réserve de valeur, l'or numérique du futur, et avec la preuve de travail, il gardera ce statut contre vents et marées, alors qu'Ethereum est « la blockchain pour tous et pour tout ». Un terme spécifique a été créé par les adeptes d'Ethereum – *flippening* – le rapport entre les capitalisations ETH/BTC (tapez-le sur Google, vous verrez les graphiques qui l'actualisent). La plupart du temps en dessous de 25 % (Ethereum pèse un quart du Bitcoin), il est monté à 80 % en juillet 2017, presque la parité, mais pour chuter rapidement après. Un ratio à suivre de temps en temps…

Si Bitcoin doit être privilégié, c'est pour plusieurs raisons spécifiques :

- Tout d'abord, il est issu d'une « immaculée conception » comme disent les « maximalistes », ses adeptes inconditionnels, c'est-à-dire d'une croissance initiale organique et progressive, ce qui le distingue des autres cryptomonnaies. En étant créé en premier, Bitcoin a en effet échappé à beaucoup des inconvénients rencontrés par les cryptomonnaies lancées ensuite : il n'a pas été attaqué dès le premier jour, il n'a pas attiré tout de suite la cupidité des spéculateurs, il a été construit progressivement par des idéalistes qui se demandaient si ce système pouvait fonctionner. Les bitcoins créés au fur et à mesure ont été distribués à ceux qui le faisaient fonctionner (les mineurs) ou qui l'utilisaient comme moyen d'échange (les premières transactions), et ils ont gagné leur valeur au fur et à mesure du temps. Il n'y a eu aucune prévente ni pré-allocation comme pour Ethereum, Ripple, EOS, et toutes les ICO. L'avidité n'a pas été présente au commencement, elle est venue après, au début il n'y avait que des passionnés.
- Son créateur, le mystérieux Satoshi Nakamoto, a disparu en laissant les rênes du projet à une multitude de personnes :

cela fait du Bitcoin une monnaie sans tête pensante, sans meneur. Il se distingue ainsi de la plupart des autres cryptomonnaies dont le développement est déterminé par une personnalité ou un groupe de fondateurs, comme Ethereum (Vitalik Buterin), Litecoin (Charlie Lee), etc., ce qui les rend fragiles en cas de disparition du fondateur, ou de conflit au sein de l'équipe fondatrice (Tezos bloqué pendant plus d'un an). Bitcoin ne court pas du tout ce risque.

• Avec ses bientôt 11 années d'existence, Bitcoin possède une longévité dont ne disposent pas les autres cryptomonnaies. Il a déjà un vécu, il possède ainsi une expérience, une résilience qui sont incomparables.

• Bitcoin bénéficie d'une vraie décentralisation de son réseau, ce qui permet d'avoir une grande concurrence dans le minage et une meilleure vérification des règles de consensus. Selon les maximalistes, la restriction du nombre de transactions par seconde n'est pas un problème mais une nécessité technique pour préserver la décentralisation et l'immuabilité de Bitcoin (en effet, si on augmente la taille des blocs pour inclure un plus grand nombre de transactions, cela avantagera les « gros » mineurs, les mieux équipés, ce qui recentralisera le réseau, avec le risque d'une attaque des 51 % qui permettrait de corrompre la blockchain). Pour les maximalistes, la couche inférieure (la blockchain) doit être stable et l'activité économique doit se passer sur les couches supérieures, qui peuvent être évolutives. De cette manière, à l'avenir, s'il rencontre une adoption massive, l'idée est qu'une petite quantité d'acteurs (les mineurs) assurera la sécurité du réseau, et que l'essentiel des transactions se fera en dehors de la blockchain, sur des canaux dérivés comme *Lightning Network*.

Une autre qualité que nous avons distinguée chez Bitcoin est sa résistance à l'inflation (pas plus de 21 millions de tokens).

Nous rappelions cela par rapport aux monnaies *fiat*, papier, pour lesquelles les planches à billets des banques centrales tournent à plein régime depuis la crise de 2008, et encore plus depuis celle du Covid-19. Jusqu'au précédent *halving* de juin 2020, nous en étions à 12,5 bitcoins créés toutes les 10 minutes, soit un taux d'inflation annuel un peu inférieur à 4 % (3,7 précisément). Depuis, nous sommes un peu en dessous de 2 % (1,7), ce qui correspond à l'inflation dans les pays de l'OCDE. Ensuite, ce taux tendra vers zéro. Mais cette résistance à l'inflation vaut aussi par rapport aux autres crypto-monnaies. Ainsi, Ethereum n'a aucun mécanisme de limitation des émissions des ethers, même si cela devrait se faire à l'avenir, lorsque le passage en preuve d'enjeu (*proof of stake*) sera réalisé. Pour les autres cryptomonnaies, au contraire de Bitcoin qui a grandi petit à petit, la plupart sont nées d'une ICO, c'est-à-dire avec un nombre de tokens donné une fois pour toutes. Il n'y a donc aucune inflation sur le papier, cependant la fondation en détient un grand nombre et leur remise sur le marché s'apparente à une forme de création monétaire qui pousse parfois les cours à la baisse. Ripple a, par exemple, créé au départ et une fois pour toutes 100 milliards de tokens XRP, il n'y a donc aucune inflation en théorie. Cependant, 20 milliards de ces XRP ont été réservés à l'équipe fondatrice et plusieurs membres ont la désagréable habitude d'en vendre régulièrement, ce qui déprime le cours, au point que des détenteurs ont lancé une pétition pour leur demander de stopper ces ventes !

Enfin, un élément déterminant de la crédibilité de Bitcoin est la puissance de son effet réseau. Une nouvelle crypto-monnaie pourrait-elle apparaître, réunir tous les avantages imaginables et concurrencer frontalement le bitcoin ? Ce serait très difficile car ce dernier bénéficie de *l'effet réseau* qui est le phénomène par lequel l'utilité réelle d'une technique ou d'un produit dépend du nombre de ses utilisateurs. Il s'agit d'un effet qui s'auto-alimente, qui fonctionne comme un cercle vertueux : plus il y a d'utilisateurs, plus les nouveaux utilisateurs se tournent vers ce système. Sur ce terrain, le bitcoin possède une considérable avance, ce qui entraîne plusieurs conséquences vertueuses :

- une hausse du nombre d'utilisateurs fait augmenter le cours ; cette hausse du cours attire de nouveaux mineurs ; l'apport de cette puissance de calcul accroît la sécurité du réseau ; la sécurité du réseau augmente la confiance que les gens ont dans Bitcoin et donc leur volonté de l'utiliser ; et ainsi de suite ;
- un développement informatique : les développeurs sont attirés par les protocoles les plus utilisés, et ils l'améliorent par leur travail ;
- la liquidité du marché, c'est-à-dire la capacité à acheter ou à vendre rapidement un actif sans que cela ait d'effet majeur sur son prix. Plus un marché est liquide, plus il attire les gros investisseurs qui peuvent alors y entrer, ce qui le rend mécaniquement plus liquide, la liquidité engendre de la liquidité ;
- l'effet de préférence monétaire, qui concerne l'usage du Bitcoin en tant que monnaie : une personne préfère utiliser une ou deux monnaies plutôt qu'une demi-douzaine ;
- l'effet de marketing, qui fait qu'il est plus facile de vendre quelque chose à une personne si cette dernière en a déjà entendu parler.

Beaucoup se demandent s'il n'est pas trop tard pour en acheter ? On investit dans un changement de paradigme, à long terme (plusieurs années) et, nous l'avons vu, le cours d'un demi-million d'euros n'a rien d'irréaliste, donc non il n'est pas trop tard pour investir. Mais le succès n'a rien d'automatique, les risques existent, la pression étatique est réelle, personne n'est indétrônable, Ethereum peut grandir plus vite, etc. Il faut acheter et continuer à s'informer.

Affronter la volatilité

Un élément essentiel à prendre en compte lorsqu'on achète du Bitcoin, et des cryptomonnaies en général, est la forte volatilité. On a beau être convaincu par la technologie, par les perspectives à long terme, certains mouvements brusques de marché ne manquent pas de heurter l'investisseur. Des décrochages de plus de 10 % dans la journée n'ont rien d'exceptionnel. Compte tenu de cette forte volatilité, on évitera absolument d'utiliser des produits à effet de levier, ils sont bien trop dangereux et seuls les traders expérimentés y toucheront. Parfois, on trouve une explication à ces mouvements brusques, parfois non, il faut s'y faire. La capitalisation encore limitée du Bitcoin fait que l'arrivée soudaine d'un grand nombre d'acheteurs ou de vendeurs déstabilise son cours.

Ceci dit, ajoutons une précision importante : le bitcoin est, pourrait-on dire, « volatil à la hausse », car sur la longue durée il monte, incontestablement. Ce n'est pas le cas des devises qui, lorsqu'elles commencent à chuter, ont bien peu de chance de retrouver leur valeur d'antan. Le Vénézuélien n'a aucun espoir que sa monnaie retrouve son pouvoir d'achat d'avant la crise ! Lorsqu'une monnaie s'effondre, elle finit par disparaître complètement pour être remplacée par une nouvelle (l'Allemagne est sortie ainsi de l'hyperinflation de 1923). Le Bitcoin évolue dans les deux sens et s'inscrit globalement clairement en hausse. Dans ce cadre, sa volatilité n'est pas si inquiétante. Il faut juste se situer dans le long terme (trois à quatre années minimum de perspective d'investissement). Il faut aussi éviter de paniquer en cas de chute du cours, ce qu'enseignent les « anciens », habitués à ces krachs récurrents, et ils ont d'ailleurs forgé un terme spécifique, « HODL », souvent repris sur Twitter (#HODL), qui vient de l'anglais *hold* (tenir, garder), mais un jour, sur un forum, l'un des intervenants dont le doigt a ripé l'a écrit en inversant les deux dernières lettres, ce qui a suscité l'hilarité générale, et le terme est resté !

Et puis cette volatilité du Bitcoin est mesurée par rapport à l'euro, mais celui-ci est-il vraiment stable ? Lorsque l'on regarde les prix de l'immobilier, on a plutôt l'impression que sa valeur baisse fortement ! La stabilité est une question de point de vue : que prend-on comme référence ? l'euro, l'immobilier, l'or ? Il faut mesurer la volatilité du Bitcoin à partir de plusieurs actifs de référence et ne pas se focaliser sur le seul euro.

En prenant du recul, on peut aussi espérer tirer parti de cette volatilité, sur le long terme. On remarque en effet une configuration comparable à chaque *halving*, en cohérence avec le ratio stock/flux que nous avons vu au chapitre précédent. Bitcoin commence ses transactions le 3 janvier 2009 puis connaît sa première bulle en juin 2011 à 30 dollars (!), avant de s'effondrer trois mois plus tard à 2 dollars. Le premier *halving* intervient en novembre 2012, le cours grimpe en début d'année (une centaine de dollars contre une dizaine auparavant) puis connaît une deuxième bulle en fin d'année, en décembre 2013, à environ 1 000 dollars. Le cours retombe début 2014 pour toucher un plancher en 2015 un peu au-dessus de 200 dollars. Le cours se réveille en 2016, puis intervient le deuxième *halving* au mois de juillet, et il connaît une belle progression en 2017 (1 000 dollars en janvier, 4 000 l'été) jusqu'à la bulle de décembre (près de 20 000 dollars). Le cours baisse sérieusement en 2018 pour atteindre un début 2019 plus bas à 3 500 dollars environ. Le cours se réveille ensuite, le troisième *halving* intervient en juin 2020, et on constate une forte progression en fin d'année et début 2021. On le voit, chaque *halving* propulse le cours (pas de façon immédiate, il peut y avoir plusieurs mois de décalage), en cohérence avec le ratio stock/flux qui rend le bitcoin plus rare, jusqu'à une bulle, qui atteint des sommets de plus en plus élevés, pour retomber ensuite mais à un plancher qui lui aussi monte à chaque fois[1]. Si cette configuration se reproduit, nous allons atteindre une bulle pour ensuite entamer une grande dégringolade, avant de remonter quelque temps après le prochain *halving*, celui de 2024. Pour en profiter, quand la prochaine bulle commencera à se dégonfler, on pourra passer tout ou partie de ses bitcoins en stablecoins (pas en euros sinon on paye la taxe sur les plus-values, voir plus loin), pour quelques mois plus tard les racheter à la baisse, et donc en avoir un plus grand nombre afin de mieux profiter de la hausse qui suivra. Un pari un peu osé mais qui n'a rien d'aventureux.

Comment diversifier ?

On peut décider de n'acheter que du Bitcoin, mais on peut aussi diversifier son portefeuille, de façon à répartir les risques, mais aussi en considérant que, sur une période donnée, des *altcoins* peuvent progresser plus vite que le Bitcoin. Ainsi, sur le début de l'année 2021, l'ether a plus performé que le Bitcoin, il était donc intéressant de le surpondérer. Au passage, cela veut dire qu'il faut mesurer la performance des *altcoins* que l'on achète en euros, mais aussi et surtout en bitcoins, pour voir ceux qui progressent vraiment. Pas la peine de s'échiner à identifier des *altcoins* exotiques si c'est pour faire moins bien que la cryptomonnaie numéro un.

---

1. Cette configuration s'observe très bien sur un graphique logarithmique que l'on peut retrouver sur le site lookintobitcoin.com, rubrique Charts puis Stock-to-Flow Model.

Comment diversifier ? L'erreur serait de dupliquer le classement des six ou dix principales cryptomonnaies (*cf.* CoinGecko.com ou CoinMarketCap.com) pour le reproduire dans son portefeuille (BTC pèse x % de la totalité des cryptomonnaies, j'en mets x % dans mon portefeuille, ETH y %, etc.). C'est ce qu'a fait un des fonds de Grayscale mais il s'agit d'une erreur car ce classement est régulièrement bouleversé, hormis Bitcoin et Ethereum qui restent solidement aux deux premières places, bien sûr. Ceci dit, les positions sont très volatiles, le Bitcoin Cash et Litecoin ont longtemps été bien classés par exemple, mais ils ont dévissé et perdu plusieurs places. Justement, au-delà de son cours, une bonne façon d'évaluer une cryptomonnaie par rapport aux autres est de regarder son classement sur la durée, de voir si elle monte ou si elle descend, il s'agit d'un bon indice de performance[2].

Pour se diversifier, on peut se positionner en fonction des catégories de cryptomonnaies, qui ont chacune leurs logiques, ce qui permet de répartir les risques au mieux :

- le bitcoin, le mètre-étalon, à la fois monnaie de transaction et réserve de valeur, qui a largement distancé ses concurrents (Litecoin, Ripple, Bitcoin Cash, etc.) ;
- Ethereum, la référence incontestée sur les services blockchain, qui lui aussi domine largement ses concurrents (EOS, Tezos, etc.) ;
- la DeFi (finance décentralisée), en forte croissance. Alors, pourquoi ne pas investir dans les leaders de ce secteur et le surpondérer ? ;
- les NFT, en forte croissance. Même raisonnement que précédemment, mais il existe moins d'opportunités ;

---

2. Sur CoinMarketCap.com, on peut voir les classements passés : sélectionnez Cryptomonnaies (menu en haut) puis Historique des aperçus.

• les cryptomonnaies à usage spécifique (VeChain, Basic Attention Token, Golem, Binance Coin, etc.), mais il faut étudier précisément chaque projet et être très sélectif.

Signalons également une erreur de débutant : considérer que si le prix de la cryptomonnaie est bas, elle est bon marché. Le Ripple (XRP) vaut seulement 1 euro environ, je vais donc l'acheter puisqu'il n'est pas cher, il ne pourra que monter. Ça n'a rien à voir. 100 milliards de XRP ont été émis, c'est pour cela que la valeur unitaire du token est faible, mais cela n'implique rien sur le fait qu'il serait bon marché. Ce qu'il faut regarder c'est la capitalisation, c'est-à-dire la valeur totale, et la nature même du projet, bien sûr. Si Satoshi Nakamoto avait décidé de limiter le nombre de BTC à 21 milliards plutôt que 21 millions, il vaudrait mille fois moins, mais il ne serait pas pour autant meilleur marché !

On peut aussi s'intéresser aux petites valeurs ou aux « nouvelles venues », la liste s'allonge chaque jour ou presque, mais cela nécessite un effort soutenu d'informations, ce qui prend du temps, mais c'est dans cette catégorie que l'on peut espérer réaliser de fortes plus-values. Chaque cryptomonnaie est un projet en soi qui nécessite une bonne compréhension de son marché. Pour cela, il faut suivre les sites d'actualités dont nous donnons une liste à la fin de l'ouvrage. Le fait de suivre de près l'actualité des cryptomonnaies peut se révéler payant, mais le risque demeure toujours élevé. En outre, il faut toujours se demander si telle cryptomonnaie fait mieux que Bitcoin : prendre de la valeur en euros c'est une chose, mais faire mieux que Bitcoin n'est pas si facile. Il faut mesurer la valeur de son portefeuille en euros *et* en bitcoins ; dans ce dernier cas, on se rend compte que les performances sont bien plus difficiles à obtenir…

On peut aussi diversifier ses types de revenus : ne pas acheter uniquement des cryptomonnaies et attendre qu'elles montent, mais aussi générer des revenus passifs (voir notre chapitre sur la finance décentralisée). Ces revenus plus stables peuvent compenser en partie la volatilité des cours des cryptomonnaies et lisser quelque peu les revenus globaux que l'on tire de cette activité. Le plus stable que l'on puisse faire consiste à acheter des stablecoins sur le dollar (USDC, DAI, USDT) et de les placer sur Binance, Kraken, Aave, etc. afin de toucher des intérêts. Dans ce cas, le risque en capital est limité au taux de change euro/dollar (en attendant des stablecoins sur l'euro…).

Arbitrer cryptomonnaies/euro

Quelle part de son patrimoine consacrer aux cryptomonnaies ? Cette question est posée depuis longtemps pour l'or, les réponses courantes étant de 5 ou 10 %. Mais ça, c'était avant, quand l'économie allait bien, quand la monnaie était à peu près correctement gérée, l'or constituait alors une diversification, et on pourrait mettre les cryptomonnaies sur le même plan. Aujourd'hui c'est une grossière erreur de penser ainsi, il faut plutôt raisonner en termes d'arbitrage : quelle confiance accorder aux monnaies *fiat* et au système bancaire ? Pas très élevée… Et comment je réoriente mon patrimoine en conséquence, sachant que les cryptomonnaies c'est de la monnaie *en dehors* du système ?

Les grandes devises se portent mal, notamment depuis 2000, avec la baisse du taux directeur par la Fed, la banque centrale américaine, afin d'éviter une crise après l'éclatement de la bulle Internet et les attentats du 11 septembre 2001 (d'ailleurs, l'or se met à monter à ce moment). L'argent facile s'investit dans l'immobilier, encouragé par un nouveau produit financier, les *subprimes*. La crise éclate en 2008 (faillite de Lehman Brothers le 15 septembre), les déficits budgétaires explosent et les planches à billets des banques centrales tournent, mais ce sont surtout les actifs financiers qui en profitent (actions, immobilier). La croissance revient, plutôt mollement, puis le Covid-19 arrive : avec les confinements, la récession est pire qu'en 2008. Les déficits et les planches à billets atteignent des niveaux records, des inquiétudes fondamentales apparaissent : l'inflation va-t-elle revenir ? Les taux zéro vont-ils prendre fin, remonter et mettre en faillite des grandes banques et plusieurs États ? La montagne de dette – publique et privée – va-t-elle s'effondrer ?

Peu de gens le savent mais les dispositions ont déjà été prises en cas de crise financière, et elles se feront sur le dos des épargnants. On se rappelle la crise bancaire de Chypre au printemps 2013, les comptes avaient été ponctionnés pour renflouer les banques. La Commission européenne a retenu l'idée et en a fait une directive, qui s'applique depuis le 1er janvier 2016 dans tous les pays membres, la dite « BRRD » (*Bank Recovery and Resolution Directive*, Directive sur le redressement des banques et la résolution de leurs défaillances). Elle permet à une banque en situation de faillite de se renflouer en ponctionnant les comptes de ses clients, normalement seulement ceux de plus de 100 000 euros, mais cette garantie s'avère illusoire et tous les épargnants seront touchés (la garantie des dépôts est d'un montant ridicule, quelques milliards seulement). D'autre part, la loi Sapin 2, votée en 2016, permet de bloquer les contrats d'assurances-vie en cas de crise.

Lorsqu'a été annoncée la ponction des comptes bancaires chypriotes fin mars 2013, le cours du Bitcoin a fortement grimpé : certaines personnes commençaient à comprendre. Avec du Bitcoin, de l'ether, etc., on est en dehors du système bancaire (les cryptomonnaies circulent sur Internet) et on est en dehors de l'euro (la Banque centrale européenne n'a aucun pouvoir), on peut donc voir arriver la prochaine crise financière avec sérénité. Il faut se poser la question de savoir quelle confiance on accorde au système monétaire et bancaire actuel, et agir en fonction. Placer la quasi-totalité de son épargne financière dans les cryptomonnaies n'a en conséquence rien d'irrationnel, c'est à chacun de voir. Elle est bien plus rémunératrice (à condition de viser le long terme pour le Bitcoin, trois ou quatre ans minimum), elle est disponible de suite en cas d'urgence (excellente liquidité), la DeFi permet d'accéder au crédit et de générer des revenus réguliers, le risque en capital peut être limité grâce aux stablecoins (qu'il faudra cependant quitter si l'inflation revient), et les cartes crypto permettent l'utilisation au quotidien. Voilà qui justifie que les cryptomonnaies occupent une place significative dans notre épargne.

Investir sans souci

Il existe des freins psychologiques à l'achat de bitcoins, de deux ordres : c'est trop cher, et c'est trop volatil. Quand on se retourne sur son cours, on a toujours l'impression que le Bitcoin est trop cher et qu'on a trop attendu, mais il s'agit d'une erreur de perspective : lorsqu'il est passé de 10 dollars fin 2012 à 100 début 2013, beaucoup ont dû se dire « c'est trop tard »... Même s'il a parcouru beaucoup de chemin, ce n'est pas la fin de l'histoire, loin de là, et les perspectives de gain sont réelles. Diverses estimations parlent d'un objectif à terme de 500 000 dollars, ce qui fait qu'il pèsera alors autant que l'or, et cela n'a rien d'une chimère. L'autre frein est la forte volatilité, on ne sait pas quand acheter, on a toujours l'impression d'avoir payé trop cher. Là encore, c'est une question de perspective, il faut savoir prendre du recul.

Il existe une méthode pour renverser ces biais psychologiques : l'investissement récurrent automatique (ou la stratégie DCA,

« *Dollar Cost Averaging* »), qui consiste tout simplement à consacrer tous les mois la même somme à l'achat de bitcoins, comme on met de l'argent sur un livret bancaire. Plus de soucis (quand acheter ? combien ?), puisqu'en fonction de sa capacité d'épargne, on place tous les mois le même montant sur le Bitcoin, et on dort tranquille car sur le long terme on est assurément gagnant. C'est ce que propose la société française StackinSat, par exemple.

Voici incontestablement une bonne idée pour investir, elle permet d'accumuler du Bitcoin sans se faire de soucis. On voit ainsi les choses d'un autre point de vue : quelle est ma capacité mensuelle d'épargne ? Qu'est-ce que je mets sur mon livret bancaire, c'est-à-dire sur l'euro, et qu'est-ce que je mets sur le Bitcoin ? Ensuite, je programme le virement automatique et je ne m'en soucie plus.

Bien sûr, on peut le faire soi-même sur sa plateforme d'échange préférée, mais il faut y penser, et faire l'opération chaque mois (Coinbase propose cette option d'achat récurrent). On peut voir le résultat sur le « Simulateur Bitcoin » de StackinSat pour mesurer la rentabilité de l'opération : par exemple, si j'ai investi 100 euros tous les mois pendant 3 ans entre mars 2018 et mars 2021, cela représente un investissement total de 3 700 euros, et je détiens en mars 2021 0,53 BTC, ce qui vaut 22 568 euros, soit une plus-value de 509 %, six fois plus (la période était haussière, mais sur au moins trois ou quatre ans, on est gagnant). Pas mal du tout quand le Livret A propose 0,50 % annuel…

Chapitre 10

Comment acheter, stocker et dépenser ses cryptomonnaies ?

Voyons concrètement comment manier des cryptomonnaies : ce n'est pas compliqué, c'est même de plus en plus simple grâce aux nouveaux services et à la professionnalisation des grands acteurs.

Acheter des cryptomonnaies : les plateformes d'échange

Il existe une multitude de plateformes permettant de virer des euros pour pouvoir acheter des cryptomonnaies, mais il est essentiel de vérifier leur réputation et leur fiabilité, du fait que les arnaques pullulent, mais aussi qu'il existe de nombreux sites sans mauvaises intentions mais insuffisamment fiables. Comment les identifier ? On peut se reporter au site bitcoin.fr[1], un des sites de référence dans le domaine. Son classement est construit sur les déclarations de ses utilisateurs, un public technophile et utilisateur de longue date des cryptomonnaies. Les places de marché qui sortent en tête sont Kraken, Binance, Coinbase, Bitstamp, ainsi que les deux françaises Paymium et Coinhouse.

Signalons également le site américain CryptoCompare.com qui publie régulièrement des rapports sur le sujet. Son classement tient compte de la sécurité, de la conformité à la

---

1. bitcoin.fr, rubrique Exchanges.

législation, de la liquidité, de la qualité des informations fournies, et il place Coinbase en première position, suivi de Bitstamp, Bitfinex, Binance, Bittrex, OKCoin, etc. parmi lesquels s'intercalent des plateformes accessibles pour l'instant uniquement aux États-Unis comme Gemini (des frères Winklevoss). Signalons que eToro est à part car on ne peut pas retirer ses bitcoins, ils restent la propriété de la plateforme, on ne peut que les convertir en euros, ce n'est donc pas un vrai *exchange*, à éliminer donc. Globalement, les *exchanges* connaissent une meilleure sécurité selon CryptoCompare, elles subissent de moins en moins d'attaques, seulement 1 % des plateformes suivies par l'étude ont subi un piratage en 2020. L'amélioration déterminante vient du fait qu'elles stockent l'essentiel des cryptomonnaies qu'elles détiennent « à froid », sur des *cold wallets*, c'est-à-dire sur des ordinateurs qui ne sont pas connectés à Internet. Ils sont ainsi physiquement hors de portée des hackers. Seule une partie se trouve sur la plateforme, de manière à assurer la liquidité nécessaire aux échanges.

Ensuite, on se déterminera en fonction des offres de chacune de ces plateformes : Coinbase est sans doute la plus « grand public », mais ses frais de transaction sont plus élevés que Binance, qui offre l'accès au plus grand nombre de cryptomonnaies, Kraken se situe entre les deux, et on peut préférer les deux françaises, Paymium (qui ne propose que le Bitcoin) et Coinhouse, afin d'avoir un meilleur service client. Il existe d'autres types de plateformes, les DEX, pour *Decentralized Exchange*, c'est-à-dire les plateformes d'échange permettant d'échanger des cryptomonnaies de façon *décentralisée* (nous l'avons vu dans le chapitre sur la finance décentralisée, elles sont réservées aux connaisseurs). Ces plateformes (sauf les DEX) sont adossées à un établissement bancaire, situé en France (pour Paymium et Coinhouse) ou en Europe, vers lequel on fera un virement SEPA en euros, pour ensuite acheter des cryptomonnaies. L'inscription est aussi rigoureuse que l'ouverture d'un compte bancaire (carte d'identité, justificatif de domicile). Ces opérations prennent un certain temps, il faut en tenir compte, notamment le virement SEPA vers des pays européens qui n'est pas proposé par défaut par toutes les banques françaises, et doit donc être activé.

Encore faut-il que votre banque le veuille bien ! Malheureusement, les clichés sur le Bitcoin sont nombreux et plusieurs banques font tout pour décourager leurs clients, certaines bloquent même les virements vers les plateformes ! Quels sont les réseaux bancaires favorables, quels sont les défavorables ? Pour répondre à cette question, en l'absence d'affirmations officielles, il faut s'en remettre aux usagers, et c'est ce qu'a fait le blog bitcoin.fr en réalisant une enquête auprès de plus de mille participants, publiée début 2021[2]. Sans surprise, les banques sur Internet, les « néobanques », sont les plus favorables à l'achat de cryptomonnaies par leurs clients : N26, Fortuneo, Boursorama, ING Direct, Orange Bank affichent plus de 75 % de taux de satisfaction. En bas du tableau, à moins de 50 % de satisfaction, on trouve BNP Paribas, Revolut, La Banque Postale, Crédit Agricole, Banque Populaire, Crédit Mutuel, CIC. Il existe un « ventre mou » (entre 50 et 75 % de satisfaction) avec Hello Bank, Société Générale, Caisse d'épargne, LCL. La très mauvaise place de la néobanque Revolut peut étonner, mais on peut trouver une explication : elle propose l'achat de bitcoins sur son site, alors elle cherche sans doute à décourager ses clients d'aller en acheter ailleurs ! Cependant, on ne peut pas accepter un tel comportement car les bitcoins que Revolut vous vend restent sur le site, vous ne pouvez pas en disposer à votre guise et les transférer à

2. « Bitcoin et les banques », classement de février 2021.

l'extérieur, sur une place de marché ou sur votre clé Ledger (cela pourrait changer néanmoins, à surveiller). On fera donc une croix sur cette néobanque. Le conseil que nous pourrions donner c'est de prévenir son conseiller bancaire, de jouer cartes sur table, de l'avertir que l'on va acheter des crypto-monnaies, sur une plateforme reconnue, qu'on n'utilisera pas de produits à effet de levier, que l'on est informé des risques et de la fiscalité. En cas de refus, il faut quitter sa banque, il s'agit quand même de son argent, on en fait ce qu'on veut !

Se méfier des arnaques

Les performances du Bitcoin et son côté encore mystérieux pour une majorité de personnes ne pouvaient qu'attirer les escrocs. La plupart des « arnaques au Bitcoin » dont parle la presse sont en fait des arnaques à l'euro : des sites ou des démarchages téléphoniques incitent les gens à envoyer de l'argent, qui disparaît aussitôt, sans jamais avoir été changé en bitcoins, qui sert ici uniquement de miroir aux alouettes.

Signalons quelques indices permettant de repérer les arnaques :

- des promesses de retour sur investissement stratosphériques (avec parfois des promesses de rendement quotidien, 1 % ou plus) ;
- des « packs » incluant du trading automatisé « gagnant à tous les coups » ;
- du minage promettant des revenus très élevés ;
- faire croire que l'on peut devenir un trader performant en peu de temps ;
- des publicités agressives, du démarchage téléphonique ;
- très peu d'information sur la plateforme (entreprise, fondateurs, équipe, adresse).

La plus grande partie des arnaques fonctionne sur la mise en confiance : on envoie un petit montant pour voir, et les rendements promis sont versés, alors on envoie une somme plus conséquente, et c'est fini, on ne peut plus y accéder… C'est le principe de la pyramide de Ponzi où l'argent des clients sert au versement des premiers intérêts de façon à mettre en confiance les déposants et à convaincre les nouveaux arrivants. Jusqu'au moment où le fondateur part avec la caisse.

Il existe des arnaques plus élaborées comme BitConnect, disparu en janvier 2018, et qui a réussi à placer son token, le BCC, dans le top 10 des cryptomonnaies, 3 milliards de dollars de capitalisation se sont envolés du jour au lendemain. OneCoin, disparu en mars 2019, n'a pas réussi à faire coter son token, mais il a subtilisé de l'ordre de 3 milliards de dollars par un système de vente multiniveau (vous incitez vos amis à acheter le produit, des formations de trading, et vous touchez des commissions). Là encore, il faut se méfier des promesses exagérées de rendement, du fait de « gagner à tous les coups », des cadeaux et des offres trop généreuses.

Des places de marché peuvent disparaître, volontairement quand son responsable part avec la caisse, ou involontairement à cause d'un hack. Concernant la plus grosse faillite, celle de MtGox en février 2014, on ne sait pas encore exactement ce qui s'est passé (vol ou perte des clés privées). Il faut se tourner vers les acteurs reconnus, établis, bénéficiant d'une bonne réputation.

En France, l'Autorité des marchés financiers (AMF) a créé le statut de PSAN (Prestataire de services sur actifs numériques), un agrément obligatoire pour exercer en France à partir du moment où l'on propose la conservation, l'achat/vente et l'échange de cryptomonnaies. On pourra s'y reporter. Paymium et Coinhouse l'ont obtenu, mais également StackinSat – dont nous avons parlé précédemment (achat récurrent) –,

Zebitex et ZeBitcoin pour les plateformes françaises. Cet agrément offre une garantie de sérieux concernant l'entreprise, sans qu'il ait de valeur absolue, une entreprise respectant la réglementation peut faire faillite, rappelons-le.

Comment stocker ses bitcoins ?

Que veut dire « avoir des bitcoins » ? Si vous en avez acheté sur Binance ou sur Paymium, vous n'en êtes pas propriétaire, ils sont en dépôt sur une plateforme et vous y avez accès grâce à votre compte login/mot de passe. Par contre, si vous les transférez sur un *wallet* (portefeuille), soit *software* (sur votre ordinateur ou votre Smartphone) soit *hardware* (un appareil électronique, nous allons y venir), vous en êtes réellement propriétaire. Mais ces bitcoins ne sont pas stockés à un endroit précis, ils sont dans la blockchain c'est-à-dire sur tous les nœuds du réseau à la fois. La question n'est donc pas de savoir où sont vos bitcoins (ils sont partout !), mais si vous possédez bien les clés privées de votre portefeuille. Et rappelons-le, dans ce domaine, que ce soit une plateforme ou un *wallet*, le principal risque, c'est vous.

Premier conseil : restez discret. Le vol de bitcoins en s'attaquant directement à ses détenteurs a déjà commencé. Les réseaux criminels sont toujours à la recherche de nouveaux méfaits, et le Bitcoin ne pouvait pas leur échapper. Un homme d'affaires turc, qui s'était vanté sur sa page Facebook de sa soudaine richesse, s'est fait voler ses 450 bitcoins en octobre 2017 ; il a été kidnappé et violenté pendant huit heures jusqu'à ce qu'il donne ses codes d'accès. L'information sur le fait que vous détenez des bitcoins doit être réservée à votre premier cercle familial et éventuellement amical, mais pas au-delà. Il ne faut pas répondre à la question « Mais toi, tu possèdes combien de bitcoins ? » à un inconnu ou une vague connaissance. C'est comme si l'on vous demandait ce que vous avez sur votre compte en banque ! Il s'agit d'une sécurité minimale.

Deuxième conseil : un ordinateur avec un antivirus à jour. Il importe avant toute chose de vérifier que l'ordinateur que l'on utilise pour acheter des cryptomonnaies sur une place de marché bénéficie d'un antivirus à jour. Cette précaution minimale est nécessaire, il faut absolument éviter les *malwares* qui récupèrent les mots de passe… Il faut en outre se garder des fausses applications pour Smartphone que l'on peut trouver sur Google Play Store ou sur l'Apple Store, elles reprennent le nom et le design de places de marché connues à seule fin de récupérer les identifiants, puis de voler vos bitcoins. Par exemple, Poloniex, l'une des principales places de marché dans le monde, ne proposait pas d'application pendant longtemps, des petits malins ont donc fabriqué de fausses « Poloniex Official App » pour tromper les clients et vider leurs comptes. Pour éviter tout problème, il faut partir du site Internet de la plateforme et suivre les liens qu'il propose vers son application.

Les « anciens » vous le diront : ne gardez pas vos bitcoins sur les places de marché. Il est vrai que nombre de premiers adeptes de Bitcoin ont connu de tragiques expériences, au premier rang desquelles la faillite de MtGox en février 2014, alors première place de marché au monde. Des milliers de clients ont vu disparaître des dizaines, des centaines, voire des milliers de bitcoins, ce qui représenterait une véritable fortune aujourd'hui. La plateforme a perdu, ou s'est fait voler, 850 000 bitcoins. D'autres places de marché ont connu le même destin funeste, soit en étant dévalisées par des hackers, soit parce que les fondateurs sont partis avec la caisse.

Désormais, les grandes plateformes connues au niveau international (Binance, Coinbase, Kraken, Bitstamp, etc.)

disposent de moyens financiers nettement plus importants pour se protéger. Coinbase affirme que « 98 % des fonds de [ses] clients sont stockés hors-ligne » (sur des ordinateurs non connectés à Internet), ce qui représente une vraie sécurité. Mais le risque demeure : plus la valeur des cryptomonnaies augmente, plus les hackers vont déployer des moyens importants pour s'introduire sur ces plateformes. Il vaut donc mieux aller au bout de la logique du Bitcoin et les détenir soi-même. Se reposer sur les places de marché s'assimile au modèle bancaire actuel : on fait confiance à un acteur extérieur qui peut faillir.

Il faut se créer son portefeuille, son *wallet* en anglais, de façon à avoir le contrôle sur ses cryptomonnaies. Il existe deux options :

• Les *software wallets* ou *hot wallets* : ces portefeuilles fonctionnent sur des Smartphones ou des ordinateurs connectés à Internet. On télécharge une application et ils sont opérationnels, on peut envoyer ou recevoir des bitcoins ou toute autre cryptomonnaie. Ils sont faciles à utiliser mais n'offrent pas une sécurité optimale, parce qu'ils sont exposés aux virus ou aux hackers. Ces applications ne doivent donc servir qu'à transporter de faibles montants, de la même façon que l'on ne va pas mettre toutes ses économies dans son portefeuille.

• Les *hardware wallets* ou *cold wallets* : pour stocker des montants importants, on aura recours aux « portefeuilles matériels ». Un *hardware wallet* est un appareil électronique autonome qui se branche sur le port USB de son ordinateur, qui permet de conserver ses clés. On parle ainsi de « stockage à froid », c'est-à-dire non connecté au réseau Internet. Et même si l'ordinateur sur lequel est branché ce *wallet* contient des virus, ils ne pourront pas accéder au portefeuille ni le corrompre. Lorsqu'on l'initialise, ce *wallet* génère une suite de mots que l'on prendra soin de noter : en cas de perte, il suffit d'en racheter un et de rentrer cette liste afin de récupérer ses bitcoins. Le *wallet* est en outre protégé par un code PIN, personne ne peut l'utiliser hormis l'utilisateur. La seule option pour les voleurs consiste à s'introduire dans le domicile de la personne, à mettre la main sur ce *wallet* et à le « faire parler ». D'où la nécessité d'être discret et/ou de le mettre dans un coffre de banque.

Ces *wallets* fonctionnent en complémentarité : le *hardware* pour stocker son patrimoine, le *software* pour des montants faibles servant à des dépenses courantes. Les portefeuilles physiques (*hardware*) les plus recommandés sont le français Ledger et le tchèque Trezor. Le Ledger Nano S est une création de Coinhouse (anciennement La Maison du Bitcoin) et ce produit français est devenu le leader mondial dans son secteur. C'est une sorte de clé USB avec un petit écran et deux boutons, on regrette que toute la documentation soit en anglais (!) mais on pourra se reporter aux vidéos YouTube pour comprendre son fonctionnement, de toute façon simple. Ledger et Trezor sont-ils équivalents en termes de sécurité ? On pouvait le penser, mais en février 2020, la plateforme d'échange Kraken annonçait sur son blog que ses équipes techniques étaient parvenues à forcer l'accès à un portefeuille Trezor en seulement 15 minutes ! Les équipes de Kraken ont précisé qu'elles avaient contacté celles de Trezor pour les prévenir de la faille, avant de rendre publique cette annonce. La société tchèque a répondu qu'elle allait renforcer la sécurité de ses appareils et que cette attaque n'était désormais plus possible. Ledger, lui, ne souffrait pas de cette faille. Ceci dit, lorsque l'on possède un tel appareil, il ne faut pas le laisser traîner et risquer de se le faire subtiliser, un coffre de banque (eh oui, l'ancien monde !) peut se révéler une bonne option.

Ledger a annoncé en juillet 2020 avoir été victime d'un hacker qui est parvenu à voler un million d'adresses email, de noms, prénoms, d'adresses postales et d'historiques d'achats de clients. Une faille du site Internet a permis d'accéder à la base de données de la clientèle. Depuis, ces informations ont été mises en ligne sur le darknet, elles sont donc accessibles à tous les escrocs… Il est cependant essentiel de noter que ce hack ne concerne en rien la sécurité des produits eux-mêmes, les portefeuilles des clients ne sont pas du tout menacés. Le risque est d'une autre nature : les clients pourraient être victimes de *phishing*, c'est-à-dire d'emails ressemblant comme deux gouttes d'eau à ceux de Ledger et qui leur demanderait la liste de 24 mots qui sert à accéder à leurs portefeuilles s'ils perdent leurs clés. Il ne faut bien sûr jamais communiquer sous aucun prétexte cette liste, ni aucune information personnelle *via* des emails, quels qu'ils soient. Notre place de marché, notre banque, les sites Internet ne nous demandent jamais d'informations personnelles par email ; si c'est le cas, vous avez affaire à du *phishing*. Ce hack jette cependant une ombre sur la société Ledger, il est tout à fait anormal que la base de données des clients n'ait pas été mieux protégée. Des adresses postales de clients se baladent dans la nature et au-delà du *phishing*, finalement assez facile à déjouer, la sécurité physique de certains d'entre eux pourrait être mise en cause, des malfaiteurs pourraient débarquer chez eux… Voilà qui justifie la précaution de mettre cette clé en lieu sûr, dans un coffre de banque.

Comment dépenser ses bitcoins ? L'arrivée des cartes crypto

Le moyen le plus classique pour dépenser ses bitcoins, et qui est apparu dès le début, est le *software wallet*, à installer sur son ordinateur (pour acheter sur Internet) ou sur son Smartphone (pour acheter sur Internet ou chez un commerçant physique).

Dans ce dernier cas, le paiement se fait *via* un code QR que présente le commerçant avec son application, et que vous validez avec la vôtre. Il n'est pas nécessaire que vous ayez la même application, elles sont toutes interopérables. Les *wallets* les plus connus sont Electrum, Copay, Blockchain.info, Bitpay, Blockstream Green (voir bitcoin.fr). Cependant, il n'y a qu'une très faible proportion des sites Internet et des commerçants qui acceptent les cryptomonnaies.

Une autre solution est en train d'émerger avec les « cartes crypto », un des phénomènes récents et marquants de l'écosystème des cryptomonnaies, car elles apportent un vrai service. Jusqu'ici, pour dépenser ses cryptomonnaies, à moins de trouver un commerçant ou un site Internet qui les accepte, ce qui demeure extrêmement rare, il fallait en vendre une partie sur sa plateforme d'échange, puis faire un virement vers son compte bancaire avant de pouvoir effectuer un paiement, ce qui nécessite plusieurs opérations et un délai d'au moins un jour.

La carte crypto apporte la même facilité d'utilisation qu'une carte bancaire classique : elle est utilisable immédiatement chez tous les commerçants et sites Internet du monde puisqu'elle est faite en partenariat avec Visa ou Mastercard. Il est également possible de retirer de l'argent dans les distributeurs automatiques (DAB). Sauf qu'en l'occurrence, elle n'est pas rattachée à votre compte bancaire mais à vos cryptomonnaies, qui sont converties instantanément pour l'occasion. Le marchand reçoit des euros, comme n'importe quelle carte bancaire, il ne saura même pas qu'ils proviennent de cryptomonnaies.

Les cartes qui sont directement émises par des places de marché (Coinbase, Binance) proposent un débit immédiat puisqu'elles disposent des fonds de leurs clients. D'autres sont des cartes prépayées, ce qui veut dire qu'il faut d'abord que les utilisateurs transfèrent des fonds en cryptomonnaies avant de pouvoir l'utiliser.

Les cartes crypto réunissent le meilleur des deux mondes, les cryptomonnaies (et leur potentiel de hausse) et les cartes bancaires (facilement utilisables dans la vie courante), leurs avantages sont multiples :

• liberté d'usage : dépenser ses cryptomonnaies devient d'une grande facilité : grâce à Visa ou Mastercard, la carte est acceptée partout dans le monde, dans les commerces, sur Internet et dans les DAB. Hormis les cartes prépayées qui nécessitent une intervention, le passage des cryptomonnaies aux monnaies *fiat* (euro, dollar) se réalise instantanément. *De facto*, le bitcoin devient une devise d'usage courant, ce qui est plutôt révolutionnaire ;

• flexibilité : le bitcoin et l'ether ne sont pas les seuls à bénéficier de ce service, certaines cartes acceptent plus de dix cryptomonnaies, ce qui laisse une grande latitude ;

• des *incentives* : ces cartes proposent souvent des avantages financiers que ne connaissent pas, ou très rarement, les détenteurs de cartes bancaires classiques, notamment du *cash back* (« remise en argent »), autrement dit le remboursement d'une partie de ses achats, ou aussi des intérêts versés sur les tokens qu'on laisse en dépôt (*staking*) ;

• une certaine discrétion : il n'y a pas d'anonymat au sens strict évidemment puisque pour s'inscrire à ces cartes il faut présenter sa carte d'identité, un justificatif de domicile, etc. (comme pour l'ouverture d'un compte bancaire). Mais une transaction effectuée par un Français sur une carte Coinbase (domiciliée en Allemagne pour ses activités européennes) laisse par définition moins de traces qu'une carte bancaire française ;

• éventuellement un moyen d'échapper à la taxe sur les plus-values (voir chapitre sur la fiscalité plus loin). Car lorsque l'on rapatrie sur son compte bancaire des euros provenant d'une place de marché, on doit déclarer au fisc quelle plus-value on a réalisé, et s'y soustraire est déconseillé puisqu'il existe une trace bien visible d'un virement. Par contre, quand on achète un bien ou que l'on retire des billets au distributeur avec sa carte Coinbase, il n'y en a aucune trace sur son compte bancaire, bien sûr. Normalement, on doit déclarer ces achats et payer la taxe dessus, on peut aussi faire le pari d'oublier… Ceci dit, gageons que le fisc va bientôt s'intéresser à ces cartes, et par exemple se faire communiquer les relevés d'utilisation, les échanges d'informations bancaires à l'intérieur de l'Union européenne le lui permettent. Pour l'instant c'est un peu flou.

Suspicieuses envers les cryptomonnaies, les banques ne viennent pas sur le créneau des cartes crypto, où elles possèdent pourtant les compétences requises, et c'est une formidable opportunité pour les nouveaux entrants ! Les banques se laissent ainsi doubler par de nouveaux acteurs très agressifs, elles pourraient peut-être le regretter un jour… Visa et Mastercard voient ces cartes crypto comme un nouveau marché. En effet, ces sociétés touchent des commissions sur chaque achat, c'est leur *business model.* Les transactions se font en euros ou en dollars, classiquement comme les cartes bancaires, la conversion des cryptomonnaies étant réalisée par l'émetteur de la carte (la plateforme d'échange), ce n'est donc pas de leur ressort.

On peut identifier plusieurs catégories de cartes crypto :

- les cartes basiques, uniquement dédiées au paiement, elles n'offrent pas d'autres services (Xapo, CryptoPay, BitPay). Elles se différencient par les frais, le nombre de cryptomonnaies acceptées ;
- les cartes avec services : certaines cartes proposent des services en plus du paiement proprement dit. C'est aussi le cas

des leaders du marché (voir plus loin), mais quelques petits acteurs tentent de se placer sur ce créneau. La carte Wirex offre ainsi du *cash back* (remboursement d'une partie de ses achats), jusqu'à 1,5 %, versé en WXT, le token de la carte, de même que Plutus, versé en Pluton (PLU). Toutefois, peut-on faire confiance à ces acteurs de taille modeste ? On n'y mettra pas de sommes importantes ;

• une carte DeFi : un cas original et intéressant avec le français Monolith, allié à Visa, qui propose une carte fonctionnant de façon totalement décentralisée, *via* des *smart contracts*, ce qui signifie que l'on reste propriétaire des cryptomonnaies que l'on dépose sur la carte (on détient les clés privées), on peut les récupérer même si Monolith disparaît du jour au lendemain, alors que toutes les autres cartes sont centralisées, elles possèdent en conséquence les cryptomonnaies que vous virez chez elles. Cela représente un vrai avantage en termes de sécurité. Pour l'instant, Monolith prend en charge l'ether, le DAI, le MakerDAO (MKR) et le TKN (le token de Monolith. Lorsqu'on paye en TKN, on est exempté des 1 % de frais par transaction) ;

• les leaders : on trouve la carte Coinbase, l'une des principales plateformes d'échange dans le monde (la première aux États-Unis), même si les services qu'elle offre sont plutôt basiques. Il s'agit néanmoins d'un acteur de confiance, on peut lui confier une partie de son argent, et on peut espérer qu'elle étoffe son offre à l'avenir. Binance, le leader mondial, a aussi lancé la sienne, avec plusieurs services (*cash back*, *staking*). Enfin, un acteur fait beaucoup parler de lui, Crypto.com. Très agressive, la plateforme propose une offre très enviable (carte sans frais, *cash back* élevé, *staking* à des taux très avantageux, abonnement à Spotify et Netflix). Tout est fait pour encourager à acquérir et à déposer (moyennant d'alléchants taux d'intérêt) le CRO, le token du site, comme s'il fallait le faire artificiellement monter. Début 2021, le cours du CRO dévisse, Crypto.com décide alors d'en supprimer (*burn*, comme une entreprise qui rachète ses actions) 70 % ! Ça fonctionne, le cours remonte. Tout cela est-il trop beau pour être vrai, tout cela est-il sain ? Chacun se fera son opinion.

LES BANQUES MENACÉES ?

Ces cartes crypto peuvent-elles partir à l'assaut des cartes bancaires traditionnelles ? Faisons un peu de prospectives : ces cartes ne vont peut-être pas se limiter aux détenteurs de cryptomonnaies, elles peuvent favoriser le passage du monde bancaire traditionnel à cette nouvelle économie et ce, notamment grâce aux stablecoins. Mettons-nous à la place d'un Américain moyen, qui détient quelques milliers ou dizaines de milliers de dollars. Cette épargne ne lui rapporte aujourd'hui rien dans le contexte actuel des taux zéro, mais il hésite à basculer vers les cryptomonnaies car la volatilité lui fait peur. Qu'à cela ne tienne, il peut convertir la plus grande partie de son épargne en un stablecoin du dollar (USDC, USDT, DAI) et, avec le *staking*, cela lui rapportera des intérêts conséquents. Il y aura en plus un peu de *cash back*, toujours bon à prendre. Et il pourra spéculer en achetant un peu de bitcoins. Voilà qui devient tout de même plus intéressant que son compte en banque. Il n'existe pas encore de stablecoin reconnu sur l'euro, mais le raisonnement vaut aussi pour l'épargnant européen.

Face aux placements traditionnels (livrets bancaires, assurance-vie) qui ne rapportent quasiment plus rien, face aux frais bancaires qui grimpent d'année en année, l'épargnant moyen risque de se lasser et de ne pas résister longtemps aux cartes crypto qui proposent des rendements séduisants et des « *incentives* » diverses, à commencer par un *cash back* de 1 à 2 % minimum. Par la suite, ces cartes crypto pourront intégrer des services qui naissent en ce moment dans la DeFi (finance décentralisée), comme le prêt (je bloque des bitcoins et je reçois instantanément des DAI que je convertis en dollars pour assurer une dépense urgente), des services d'assurances, etc., en somme tous les services de base que proposent les banques traditionnelles (et bien d'autres à inventer), mais plus rapides et moins chers. Les banques peuvent commencer à s'inquiéter.

Nous sommes partis d'en bas, en prenant le cas d'un épargnant moyen, mais on peut aussi partir d'en haut. Coinbase s'est introduit en Bourse le 14 avril 2021 et vaut environ 100 milliards de dollars ; le leader mondial Binance n'est pas coté mais la valeur totale des Binance Coin (BNB) en circulation se monte à une somme équivalente. En face, la capitalisation des banques s'effondre, notamment en Europe, la valeur en Bourse de BNP Paribas, de Santander, de Lloyds, de ING s'inscrit loin derrière ces chiffres. Un acteur de carte crypto pourrait acquérir une banque traditionnelle, ce qui lui donnerait un pouvoir immense (accès à des millions de clients, à des compétences, bienveillance des régulateurs, etc.), ce serait un coup de tonnerre. Le rachat est une possibilité, la fuite de clients une forte certitude, même s'il est difficile d'en évaluer l'ampleur. Quoi qu'il en soit, les perspectives d'expansion des cartes crypto sont gigantesques.

Chapitre 11

La fiscalité

Cet aspect n'est surtout pas à négliger, voici les principes essentiels à retenir.

DÉCLARER SES COMPTES

La première obligation fiscale consiste à déclarer les comptes en cryptomonnaies que l'on détient à l'étranger (formulaire n° 3916-bis[1], « compte d'actifs numériques ouvert, détenu, utilisé ou clos à l'étranger ») sur le principe que tout compte en cryptomonnaies ou en euros détenu à l'étranger doit être déclaré (article 1649 bis C du Code général des impôts). Les comptes et pas le montant, précisons-le bien. Un compte ouvert sur Kraken, Coinbase, Bitstamp, etc. doit être déclaré, même s'il n'est plus actif, même s'il est vide après avoir rapatrié vos bitcoins sur une clé Ledger par exemple. Il existe trois exclusions à ce principe :

- les plateformes situées en France (Paymium, Coinhouse) ;
- les plateformes qui proposent uniquement des transactions entre cryptomonnaies mais qui n'acceptent pas l'euro, comme les DEX (plateformes d'échange décentralisées) ;

1. Pour obtenir les adresses des différentes plateformes, on pourra se reporter à l'article « Formulaire n° 3916-bis : liste des adresses des plateformes d'échange » de Cryptoast.fr

• les propriétaires de bitcoins qui les stockent sur des portefeuilles électroniques de type Ledger ; on n'a pas à déclarer sa clé, c'est comme détenir de l'argent liquide chez soi.

Il s'agit d'une pure formalité déclarative, et on ne précise pas le contenu du ou des comptes. L'absence de déclaration est passible d'une amende de 750 euros par compte et de 1 500 euros si le portefeuille compte dépasse 50 000 euros.

Déclarer ses plus-values en euros, uniquement

Précisons d'abord que dans le cadre de la lutte contre le blanchiment, la revente de bitcoins peut représenter un montant important qui arrive sur votre compte bancaire, et il sera susceptible de faire l'objet d'un signalement Tracfin par votre banque. Il est donc nécessaire de conserver la trace de ses opérations pour expliquer l'origine de l'argent (justifier que l'on a acheté tant de bitcoins à telle date et à tel cours). Les places de marché gardent l'historique de vos mouvements, il importe donc de maintenir son compte actif de façon à pouvoir y accéder, même si l'on a transféré tous ses bitcoins sur un portefeuille physique.

La revente de cryptomonnaies, si elle génère un bénéfice, amène une taxation de la plus-value, et donc une déclaration au fisc. Précisons bien que seul le rapatriement des capitaux sur votre compte bancaire est soumis à l'impôt, l'administration applique l'imposition des gains uniquement lorsqu'ils sont transformés en euros[2]. Aucune taxation n'est prévue

2. Une extension un peu large de ce principe considère que si une conversion de cryptomonnaies en euros a lieu sur la plateforme d'échange, et que cet argent *fiat* reste sur la plateforme, la plus-value est aussi imposable. Par sécurité, on évitera de le faire et on choisira de basculer sur un stablecoin du dollar si on veut se mettre en position d'attente.

lors des transactions entre cryptomonnaies, même si des bénéfices sont générés à cette occasion. Par exemple, si vous vendez une partie de vos bitcoins pour acheter de l'ether, qui monte plus rapidement, et que vous les retransformez en bitcoins, vous réalisez alors une plus-value, mais celle-ci ne doit pas être déclarée. C'est uniquement lorsque vous rapatrierez tout ou partie de vos gains en euros sur votre compte bancaire que vous devrez remplir une déclaration. Si les ventes de cryptomonnaies sont inférieures à 305 euros sur l'année, elles ne doivent pas être déclarées, un montant très faible qui ne concernera pas grand monde.

Ensuite, quel sera le taux appliqué ? Le fisc opère une distinction de base entre les « traders occasionnels » et les « traders habituels », ces derniers ayant une fréquence d'opérations élevée (c'est leur activité professionnelle principale). Dans tout ce qui suit, nous ne parlons que des traders occasionnels, les traders professionnels supportent une fiscalité bien plus lourde, qui peut dépasser la moitié de leur revenu, et bien peu ont intérêt à maintenir leur activité en France, ou alors il leur faut créer une société. Pour les traders occasionnels, c'est le prélèvement forfaire unique (la *flat tax*) de 30 % (12,8 % d'impôt sur le revenu et 17,2 % de prélèvements sociaux) qui s'applique. Ce calcul reprend la méthode appliquée sur le PEA (Plan d'épargne en actions), il n'y a aucune possibilité de déduction fiscale ni d'imposition à un barème progressif ni de déduction ou de report de perte sur l'année suivante.

En cas de vente d'une partie de son portefeuille, il faut déclarer la plus-value *globale*. On ne peut pas dire « je vends ces 0,1 bitcoin que j'ai acheté telle date à tel prix et donc avec telle plus-value », non, il faut calculer la plus-value globale du portefeuille, avec toutes les opérations réalisées, et payer la plus-value au prorata de ce que l'on vend (0,1 bitcoin, ici). Cela signifie qu'à la moindre revente de ses cryptomonnaies, même infime, on révélera au fisc le montant total de son portefeuille (à bon entendeur… notamment parce que ça devra figurer dans la succession).

Il n'y a cependant pas que la revente de tout ou partie de son portefeuille qui nécessite une déclaration. Réaliser un paiement en bitcoins est considéré comme une conversion en euro, de même que l'utilisation d'une carte crypto (article 150 VH bis du Code général des impôts). Ainsi, chaque dépense de ce type, même pour une baguette de pain, doit figurer dans la déclaration fiscale…

Un document spécifique a été créé pour l'occasion par le fisc : le formulaire n° 2086 (« Déclaration des plus ou moins-values de cessions d'actifs numériques »), la « valeur globale du portefeuille au moment de la cession » est à indiquer ligne 212. La plus-value globale, selon la définition des impôts, se définit ainsi : « La plus ou moins-value brute réalisée lors de la cession de biens est égale à la différence entre, d'une part, le prix de cession et, d'autre part, le produit du prix total d'acquisition de l'ensemble du portefeuille d'actifs numériques par le quotient du prix de cession sur la valeur globale de ce portefeuille. » Il faudra ensuite reporter la plus ou moins-value globale sur le formulaire n° 2042 C, qui sert à déclarer les revenus auxiliaires (placements bousiers, assurance-vie, actionnariat salarié, etc.). La plus-value est à inscrire dans la case 3AN, la moins-value dans la case 3BN, en page 2. Il n'existe pas de taxe sur le montant total détenu, quel qu'il soit, mais cela pourrait venir si l'impôt sur la fortune est rétabli, ce que réclament de nombreuses forces politiques en France… Cette vision étroite et confiscatoire (spécialement la taxe sur *toutes* les plus-values) est perdante pour la France : il faut considérer le Bitcoin comme une ressource mondiale qui gagne en valeur avec le temps ; ce qui ne sera pas acheté par les Français le sera par des Américains ou des Chinois, et leurs économies en profiteront, on devrait plutôt encourager cet achat et en miner avec nos centrales nucléaires et nos barrages ! Bref.

Concernant les donations de bitcoins d'un parent à ses enfants, il existe un abattement de 100 000 euros qui descend à 31 865 euros s'il s'agit de son petit-enfant. Entre frères et sœurs il est de 15 932 euros, et au-dessus de ces sommes s'appliquent des taux qui vont de 5 à 45 %. Ce don ne constitue pas un revenu à déclarer. Pour l'application du régime des plus-values, lors d'une cession ultérieure, les cryptomonnaies doivent être considérées comme acquises à leur valeur lors de la réception du don[3]. Les dons aux associations reconnues d'intérêt général bénéficient du même crédit d'impôt que s'ils sont faits en euros.

Petite nouveauté avec la DeFi (finance décentralisée) : le fisc n'a pas encore un discours clair sur ce domaine en plein développement, mais *a priori* il faut déclarer les revenus d'intérêt (*staking*, *lending*, *liquidity mining*, *yield farming*), qui sont fiscalisés tous les ans. La *flat tax* de 30 % s'applique. Mais si on touche des tokens de gouvernance (voir chapitre sur la finance décentralisée), ce ne sont plus des revenus à proprement parler mais des actifs, qui entrent dans votre portefeuille et qui peuvent être vendus plus tard (mais à quel prix d'achat les compter ?), les choses se compliquent… Deux sociétés françaises (Waltio.co et Coqonut.fr) et une irlandaise (Koinly.io) proposent de réaliser tous ces calculs à votre place, qui peuvent devenir très compliqués si vous avez effectué beaucoup d'opérations. Elles importent votre historique de transactions de votre plateforme et calculent automatiquement la plus-value. On n'hésitera pas à y recourir.

---

3. Livre blanc de Waltio.com *Comprendre la fiscalité des nouveaux revenus en actifs numériques*, avril 2021.

Cependant, compte tenu de tout ce que nous avons dit dans ce livre, il est bien trop tôt pour vendre, le bitcoin et les cryptomonnaies possèdent encore un fort potentiel de hausse, notamment jusqu'au prochain *halving* de 2024.

L'écosystème français et européen entravé ?

L'économie française pâtit de sa bureaucratie et d'une classe politique peu technophile, l'écosystème des cryptomonnaies n'y fait pas exception. Dans une interview du 9 février 2018 à l'occasion du *Capital Markets Summit*, le ministre de l'Économie Bruno Le Maire charge le Bitcoin de tous les maux (spéculation, terrorisme) et déclare qu'il faut impérativement le réguler… Changement de ton quelques mois plus tard, la France met au point une réglementation finalement plutôt accueillante aux ICO… Trop tard, la mode est passée.

La taxe sur la plus-value, prise à la lettre, empêche *de facto* la possibilité de payer en cryptomonnaies ou *via* des cartes crypto. Une déclaration (incluant, on le rappelle, la plus-value globale du portefeuille) à chaque transaction n'a pas de sens. Mais c'est peut-être l'objectif recherché : empêcher Bitcoin de devenir une monnaie de transaction, comme l'or d'ailleurs, pour lequel la même taxe existe. Une réglementation que le lobby bancaire apprécierait particulièrement, écartant ainsi un concurrent turbulent et novateur.

Nous avons vu que l'Autorité des marchés financiers (AMF), dans le cadre de la loi PACTE, a mis en place le PSAN (Prestataire de services sur actifs numériques), un agrément obligatoire pour exercer en France à partir du moment où l'on propose la conservation, l'achat/vente et l'échange de cryptomonnaies. L'ensemble des acteurs a l'obligation de s'enregistrer s'ils sont basés en France, ou s'ils sont étrangers et qu'ils ciblent le public français. Les plateformes d'échange internationales ne devraient pas avoir à se conformer à cette réglementation tant qu'elles ne communiquent pas directement auprès du public français. Mais cela veut-il dire qu'à la moindre publicité sur Google ou sur Twitter, elles devront s'y soumettre ? On voit que ce statut PSAN n'a aucun sens pour les plateformes de la DeFi, qui sont des petites structures disponibles dans le monde entier et qui ne vont pas consacrer des moyens significatifs pour répondre à cet agrément. Elles mettront la France de côté. En outre, le statut PSAN étant une procédure lourde, elle empêche l'émergence d'acteurs français de petite taille. Par ailleurs, même dotées du label PSAN, plusieurs sociétés ne parviennent pas à ouvrir un compte bancaire tellement les banques demeurent suspicieuses. La France est perdante sur toute la ligne.

Le PSAN serait un statut transitoire en attendant une réglementation européenne, d'ici deux ans (deux ans, une éternité dans le monde de la cryptomonnaie, autant d'incertitude juridique qui pèsera sur les acteurs européens…). Le projet européen MiCa (*Markets in crypto-assets*, soit « Marchés de crypto-actifs »), est une proposition de règlement de la Commission européenne qui se fixe comme objectif d'harmoniser les législations des différents pays européens, très disparates actuellement. On peut cependant regretter que la « concurrence libre et non faussée » soit érigée en principe absolu, car plutôt que de se livrer à un combat sans merci entre acteurs nationaux, il faudrait plutôt favoriser la naissance de géants européens capables de lutter avec les leaders mondiaux (les Américains Coinbase et Kraken, le Chinois d'origine Binance, tous trois leaders en Europe). Autre mauvais point, MiCa veut mettre en place un encadrement renforcé des stablecoins, confirmant en cela les déclarations très négatives de Christine Lagarde, présidente de la Banque centrale européenne, ou de plusieurs ministres des finances européens. Une initiative vraiment stupide car l'Europe est déjà en retard dans ce domaine, il faudrait au contraire susciter des stablecoins sur l'euro ! Les stablecoins décentralisés (comme le DAI), notamment utilisées dans la DeFi, ainsi que les tokens distribuant des intérêts (*via* le *staking*), pourraient se voir sévèrement réglementés, ou même interdits. Après le sabordage des stablecoins, voici celui de la DeFi, la finance décentralisée… On espère que la raison va l'emporter, sinon les conséquences d'une telle réglementation seraient destructrices pour l'Union européenne, qui a déjà pris du retard, les entreprises étant essentiellement installées aux États-Unis, en Asie, et en Suisse, soit hors de l'UE.

Conclusion

Le Bitcoin n'est plus seul comme au début, il a essaimé, il a suscité une concurrence, une émulation, et c'est désormais tout un écosystème qui se développe à grande vitesse : blockchain, Ethereum, DeFi, NFT, etc. Nous n'en sommes pourtant qu'au début, comme Internet à la fin des années 1990, ou l'ordinateur familial avant Windows et sa souris. Le grand public n'est pas encore massivement présent, mais la vitesse de son taux d'adoption, qui rappelle justement celui d'Internet, laisse penser que ce sera bientôt le cas. En ajoutant l'arrivée des institutionnels (entreprises, fonds d'investissement), qui vient de débuter, les montants en jeu seront colossaux. La DeFi a d'énormes perspectives devant elle, le cours du Bitcoin, de l'ether et de plusieurs autres cryptomonnaies également. Acheter du Bitcoin, ce n'est pas seulement spéculer, c'est aussi acquérir une autonomie et une liberté, s'ancrer dans une alternative et s'extraire d'un système monétaire et bancaire à bout de souffle. Personne ne doit manquer cette opportunité.

Les sources d'information

On l'a compris, les cryptomonnaies sont un domaine en perpétuelle évolution, on ne manquera donc pas de se connecter à plusieurs sources d'information.

Les sites de référence pour la cotation des cryptomonnaies sont coingecko.com et coinmarketcap.com. Ce dernier a longtemps été le site préféré, mais son rachat par Binance en avril 2020 a déplu à la communauté, il perdait son indépendance. CoinGecko a pris sa place. L'équivalent dédié à la DeFi (pour les plateformes tournant sur la blockchain Ethereum) est defipulse.com, et aux NFT nonfungible.com. On consultera également 8marketcap.com qui compare le poids de Bitcoin et d'Ethereum aux autres grands actifs financiers et aux grandes sociétés dans le monde. Nous donnons ici des sources francophones.

Les sites d'actualités :

- bitcoin.fr
- journalducoin.com
- cointribune.com
- cryptoast.fr
- fr.beincrypto.com
- cryptoactu.com

L'actualité d'Ethereum :

- ethereum-france.com

L'actualité de la finance décentralisée (DeFi) :

- tokenbrice.xyz/fr/
- financedecentralisee.io

Les sites sur les bases de la cryptomonnaie :

- bitcoin.fr
- cryptoencyclopedie.com
- academy.binance.com/fr

On consultera ces blogs :

- e-ducat.fr (de Pierre Noizat, le fondateur de Paymium)
- viresinnumeris.fr

Les principaux forums francophones :

- cryptofr.com
- bitcointalk.org, section française

Les principales chaînes YouTube :

- Hasheur
- Enter The Crypto Matrix
- CoinTips
- Tokens Invaders
- ainsi que les chaînes des sites d'information cités précédemment (bitcoin.fr, Journal du Coin, Coin Tribune, Cryptoast).

Twitter constitue également une bonne source d'information. Tous les sites que nous venons de citer disposent d'un compte ; on y ajoutera celui du journaliste @gregory_raymond.

Les podcasts permettent également de s'informer ; plusieurs des sites que nous avons cités en produisent (Journal du Coin, Cryptoast), et on rajoutera Univers Bitcoin et Parlons Bitcoin.

Des ressources (en anglais) sur le ratio stock/flux :

- lookintobitcoin.com (rubrique Charts puis Stock-to-Flow Model)
- le compte Twitter PlanB : @100trillionUSD

Pour les ressources anglophones, on ira sur le portail cryptolinks.com

Pour des rencontres dans le « monde réel », on ira sur meetup.com, la plateforme choisie par les bitcoiners pour organiser des réunions dans toute la France. Faites une recherche Web sur « Bitcoin », « blockchain », « crypto », « Ethereum », « DeFi », etc. dans le moteur de recherche des groupes, ou créez-en un !

Les principales associations sont Le Cercle du coin (lecercleducoin.fr) AssoCryptoFr (assocrypto.fr) et, pour les professionnels, l'ADAN (adan.eu).

Index des noms

W

Y

Z